terapia **cognitiva**
para transtornos da
personalidade

Sobre o Autor

Jeffrey E. Young, PhD, é fundador e diretor dos Cognitive Therapy Centers de Nova York e Connecticut. Membro do corpo docente do Departamento de Psiquiatria da Columbia University. Graduou-se na Yale University e fez seu doutorado na University of Pennsylvania. Completou seu pós-doutorado no Center for Cognitive Therapy com Aaron Beck, criador da abordagem de terapia cognitiva, e lá trabalhou como Diretor de Pesquisa e Treinamento.

Y73t   Young, Jeffrey E.
         Terapia cognitiva para transtornos da personalidade: uma abordagem focada em esquemas / Jeffrey E. Young; trad. Maria Adriana Veríssimo Veronese. – 3.ed. – Porto Alegre : Artmed, 2003.

         ISBN 978-85-7307-968-5

         1. Terapia cognitiva – Transtornos de personalidade. I. Título.

CDU 616.89

Catalogação na publicação: Mônica Ballejo Canto – CRB 10/1023

Jeffrey E. Young

terapia **cognitiva** para transtornos da personalidade

uma abordagem focada em esquemas

3ª EDIÇÃO
INCLUI A MAIS RECENTE REVISÃO DO
QUESTIONÁRIO DE ESQUEMAS DE YOUNG

Tradução:
Maria Adriana Veríssimo Veronese

Consultoria, supervisão e revisão técnica desta edição:
Bernard Rangé
Doutor em Psicologia
Professor do Departamento de Psicologia Clínica
da Universidade Federal do Rio de Janeiro
Diretor Técnico do Centro de Psicoterapia Cognitiva do Rio de Janeiro

Reimpressão 2007

2003

Obra originalmente publicada sob o título
Cognitive Therapy for Personality Disorders: A schema-focused approach - 3rd.ed.

© *Professional Resource Exchange, 1999*
ISBN 1-56887-047-7

Capa
Gustavo Macri

Preparação de originais
Rubia Minozzo

Leitura final
Osvaldo Arthur Menezes Vieira

Supervisão editorial
Mônica Ballejo Canto

Projeto gráfico
Editoração eletrônica   artmed®
                               EDITO**g**RÁFICA

Reservados todos os direitos de publicação, em língua portuguesa, à
ARTMED® EDITORA S.A.
Av. Jerônimo de Ornelas, 670 - Santana
90040-340 Porto Alegre RS
Fone (51) 3027-7000 Fax (51) 3027-7070

É proibida a duplicação ou reprodução deste volume, no todo ou em parte, sob quaisquer formas ou por quaisquer meios (eletrônico, mecânico, gravação, fotocópia, distribuição na Web e outros), sem permissão expressa da Editora.

SÃO PAULO
Av. Angélica, 1091 - Higienópolis
01227-100 São Paulo SP
Fone (11) 3665-1100 Fax (11) 3667-1333

SAC 0800 703-3444

IMPRESSO NO BRASIL
PRINTED IN BRAZIL

Agradecimentos

A Wayne Swift, a Janet Klosko, a Dan e Tara Goleman, a William Zangwill, a Arthur Weinberger e aos colegas do Centro, por seu inestimável *feedback* e apoio no desenvolvimento desta abordagem; a Tim Beck, por seu importante papel de orientador no meu crescimento profissional; e a minha família, por sua permanente confiança – meu pai, minha mãe, Stephen e Debbie.

Sumário

1. **Terapia Focada em Esquemas: Fundamentos e Teoria** 9

   Fundamentos 9

   Introdução 9
   Suposições da Terapia Cognitiva de Curto Prazo 10
   Transtornos de Personalidade e Terapia Cognitiva 12

   Rigidez 12
   Evitação 13
   Dificuldades Interpessoais 14

   Teoria do Esquema 14

   Esquemas Iniciais Desadaptativos 15
   Domínios e Origens dos Esquemas 22

   Biologia e Temperamento 22
   Desconexão e Rejeição 22
   Autonomia e Desempenho Prejudicados 23
   Limites Prejudicados 24
   Orientação para o Outro 24
   Supervigilância e Inibição 24

   Processos de um Esquema 25

   Manutenção do Esquema 25
   Evitação do Esquema 26
   Compensação do Esquema 27

2. **Terapia Focada em Esquemas: Conceituação de Caso e Avaliação do Paciente** 31
   Introdução 31
   A Avaliação 32
   Questionários 32
   Instruindo o Paciente Sobre os Esquemas 33
   Desencadeando Esquemas 35
   Imagens 35
   Acontecimentos Atuais 35
   Lembranças do Passado 36
   Relacionamento Terapêutico 36
   Livros e Filmes 37
   Terapia de Grupo 37
   Sonhos 38
   Tarefas de Casa 38
   Confrontando a Evitação do Esquema 38
   Identificando Comportamentos Provocados pelo Esquema 40
   Conceitualizando o Paciente em Termos do Esquema 41

3. **Terapia Focada em Esquemas: Estratégias de Mudança** 45
   Introdução 45
   Técnicas Cognitivas 46
   Revisar as Evidências que Apóiam os Esquemas 46
   Examinar Criticamente as Evidências Comprobatórias 47
   Revisar as Evidências que Contradizem o Esquema 49
   Ilustrar como o Paciente Descarta as Evidências Contraditórias 49
   Criar Cartões que Contradigam os Esquemas 51
   Contestar o Esquema Sempre que Ele For Ativado Durante a Sessão de Terapia ou Fora Dela 51
   Técnicas Experienciais 52
   Técnicas Interpessoais 53
   Técnicas Comportamentais 54

Conclusão 57

Apêndice A: Questionário de Esquemas de Young (Forma Longa, Segunda Edição) 59

Apêndice B: Guia do Cliente para a Terapia Focada no Esquema ... 73

Referências Bibliográficas 87

1
Terapia Focada em Esquemas: Fundamentos e Teoria

FUNDAMENTOS

Introdução

Um dos desafios para a terapia cognitiva, atualmente, é criar estratégias efetivas de tratamento para atendermos pacientes com transtornos de personalidade e outros pacientes difíceis, crônicos.

A primeira seção apresentará sete características, as quais os pacientes precisam ter para poderem se beneficiar da terapia cognitiva de curto prazo. "Terapia cognitiva de curto prazo" refere-se à abordagem de terapia cognitiva de 16 a 20 sessões, originalmente desenvolvida por Beck e colegas (1979) para a depressão. Essa seção demonstrará como o paciente com transtornos de personalidade e outros pacientes difíceis contrariam algumas dessas suposições básicas.

A seção seguinte discutirá como a terapia cognitiva de curto prazo pode ser adaptada e ampliada para descrever mais completamente o que observamos em pacientes com transtornos de personalidade. Apresentaremos brevemente uma teoria clínica de esquemas. As seções finais descreverão como as técnicas de terapia cognitiva de curto prazo podem ser adaptadas para superarmos os obstáculos apresentados pelos pacientes com transtornos de personalidade. Essa nova abordagem é chamada de "Terapia Focada em Esquemas".

Nota da Edição: Os nomes e as características identificadoras das pessoas, em todos os exemplos de caso, foram modificados para proteger a sua privacidade.

Suposições da Terapia Cognitiva de Curto Prazo

A terapia cognitiva de curto prazo faz sete suposições sobre os pacientes:

1. *Os pacientes têm acesso aos sentimentos com um breve treinamento.* Na terapia cognitiva de curto prazo, nós supomos que, com um treinamento relativamente breve, podemos ensinar o paciente a perceber quando estiver sentindo-se ansioso, triste, zangado, culpado ou com alguma outra emoção. Entretanto, em muitos pacientes com transtornos mais antigos, essa capacidade de relatar os sentimentos parece estar ausente. Muitos pacientes estão bloqueados e não têm contato com o que sentem. Para esses pacientes, temos de modificar a abordagem de terapia cognitiva de curto prazo.
2. *Os pacientes têm acesso a pensamentos e imagens com um breve treinamento.* Muitos pacientes com transtornos de personalidade não conseguem dizer-nos quais são seus pensamentos automáticos, ou afirmam não ter nenhuma imagem. Precisamos também criar novas estratégias, ainda inexistentes na terapia cognitiva de curto prazo.
3. A terapia cognitiva de curto prazo presume que *os pacientes têm problemas identificáveis a serem focalizados*. Alguns pacientes difíceis têm problemas vagos ou difíceis de definir. Eles podem ter um mal-estar geral para o qual não conseguem identificar desencadeantes específicos. Precisamos modificar a terapia cognitiva de curto prazo para trabalharmos com pacientes que não possuem nenhum problema-alvo específico.
4. A terapia cognitiva de curto prazo supõe que *os pacientes estão motivados a fazer tarefas de casa e a aprender estratégias de autocontrole*. No entanto, ao trabalharmos com pacientes de mais longo prazo, descobrimos que muitos ou não conseguem ou não estão dispostos a fazer tarefas de casa, e demonstram uma tremenda resistência a aprender estratégias de autocontrole. Esses pacientes parecem muito mais motivados a depender do terapeuta e a obter apoio do que a aprender estratégias para ajudarem a si mesmos.
5. Para a terapia cognitiva de curto prazo, *os pacientes podem engajar-se em um relacionamento colaborativo com o terapeuta dentro de poucas sessões*. Todavia, é quase impossível engajar determinados pacientes em um relacionamento de colaboração. O relacionamento terapeuta/paciente é tão problemático que muitos só querem que o terapeuta atenda às suas necessidades, ou são tão desligados e hostis que não conseguem colaborar.
6. *As dificuldades no relacionamento terapêutico não são um foco maior de problemas.* No entanto, no caso de muitos pacientes com transtornos de personalidade, se supomos que os problemas no relacionamento

terapêutico são apenas obstáculos a superar para podermos seguir em frente com a terapia cognitiva de curto prazo, podemos deixar de ver o núcleo real do problema, o qual é, na maioria das vezes, interpessoal, e uma das melhores arenas para observar esses problemas é o relacionamento terapêutico. Com esses pacientes, é muito importante lidar com o relacionamento terapêutico como o principal foco da terapia, embora a terapia cognitiva de curto prazo tenha pouco a dizer sobre como trabalhar em profundidade com o relacionamento terapêutico.
7. *Todas as cognições e todos os padrões de comportamento podem ser modificados por análise empírica, discurso lógico, experimentação, passos graduais e prática.* No caso de muitos pacientes crônicos, as cognições e os padrões de comportamento autoderrotistas são extremamente resistentes à modificação por meio apenas das técnicas cognitivas e comportamentais de curto prazo. Esses pacientes repetem que compreendem intelectualmente o que o terapeuta está demonstrando, mas que, emocionalmente, seus sentimentos, seus comportamentos e suas crenças permanecem imutáveis. Mesmo depois de meses de luta contra essas crenças e esses padrões de comportamento, em geral, não há nenhuma mudança ou melhora. Tais pacientes freqüentemente não têm esperança de modificar suas crenças nucleares ou seus padrões comportamentais, insistindo que essas cognições e esses comportamentos são uma parte tão integrante deles que, a essa altura da vida, é impossível modificá-los.

Os cinco pacientes descritos a seguir ilustram como essas suposições podem ser contrariadas. Sally era uma estudante de 20 anos que passou as primeiras 10 sessões sentada em um canto, evitando o terapeuta. Ela respondia apenas com lacônicos "sim" ou "não" às perguntas que lhe eram dirigidas. Quando o terapeuta perguntou em que ela queria trabalhar ou o que ela sentia, Sally disse que não sabia. Sally apresentava vários problemas para a terapia cognitiva de curto prazo. Primeiro, o fato de ela se sentar em um canto dificultava muito a colaboração. Segundo, sua incapacidade de relatar um conflito ou descrever seus sentimentos tornava difícil encontrar um foco de problema, ou eliciar emoções e pensamentos automáticos associados.

Sam, um advogado de 45 anos, afirmava não sentir nem pensar em nada. Ele dizia sentir-se entorpecido o tempo todo, com vários sintomas de ansiedade, no entanto, não relatava nenhum pensamento antes ou durante seus períodos de ansiedade e entorpecimento. Parecia ser muito controlado e extremamente inteligente. Achávamos muito difícil fazer uma terapia cognitiva de curto prazo com esse paciente. Ele não relatava nenhum pensamento automático ligado aos seus sintomas de ansiedade e, além disso, não parecia haver nenhum acontecimento específico que desencadeasse seus sintomas.

Karl, um escritor de 40 anos, evitava quase todo contato social porque tinha medo de parecer tolo para os outros. Ele não queria fazer nenhuma tarefa de casa que tivesse como objetivo aumentar o contato social, por menor que fosse esse contato. Karl apresentava um problema porque não conseguia ou não queria fazer as tarefas de casa, mas o ponto crucial do problema era a evitação do contato social. Mesmo sendo capaz de relatar seus pensamentos e sentimentos, a terapia cognitiva de curto prazo parecia estar perpetuamente em um impasse com ele, uma vez que não queria dar nem os passos mínimos para iniciar contatos sociais.

Kathleen, uma universitária de 21 anos, morava com os pais e sentia-se cronicamente deprimida. Ela não queria fazer as tarefas de casa, queria que o terapeuta a fizesse melhorar estando sempre disponível, dia e noite. Sempre que ele sugeria tarefas de casa, ela se recusava a fazê-las. Ela interpretava essas tarefas como falta de disposição por parte do terapeuta de estar onde fosse quando precisasse dele.

Já Mark, um homem de 43 anos, buscou a terapia em função da frustração de não conseguir encontrar uma mulher adequada para casar. Por intermédio de um exame mais cuidadoso, verificamos que ele sempre terminava o relacionamento quando a mulher demonstrava-lhe grande afeição e amor. Mark continuaria indefinidamente com mulheres que se comportassem de maneira ambivalente em relação a ele ou o rejeitassem. Quando se aproximava de uma mulher que o amava, ele a desvalorizava perguntando por que uma pessoa de valor iria querer ficar com ele. Seu sentimento de não ser digno de amor mostrou-se completamente resistente às tentativas do terapeuta de todo tipo de empirismo colaborativo. A rigidez de suas cognições e seus comportamentos tornava a terapia cognitiva de curto prazo frustrante e pouco compensadora. Mark era incapaz de justificar essas crenças, exceto por dizer que "simplesmente se sentia imperfeito". Suas cognições, suas emoções e seus comportamentos continuavam disfuncionais.

Cada um desses cinco pacientes ilustra uma ou mais formas pelas quais a terapia cognitiva breve não se ajusta a certos pacientes. A seção seguinte tentará explicar por que tais pacientes são freqüentemente diagnosticados como apresentando transtornos de personalidade, e por que pacientes crônicos e difíceis, muitas vezes, não respondem à terapia cognitiva de curto prazo.

Transtornos de Personalidade e Terapia Cognitiva

Rigidez. A terapia cognitiva de curto prazo supõe uma certa flexibilidade por parte dos pacientes, uma suposição que não se confirma na maioria dos transtornos de personalidade. Tipicamente, o terapeuta cognitivo emprega várias estratégias para ajudar o paciente a ver a inadequação ou desadaptação de seu pensamento. O terapeuta supõe que, com suficiente prática e repetição, as cognições e os padrões de comportamento são suficientemente flexíveis para serem modificados pelo empirismo colaborativo.

No entanto, segundo o *DSM-IV* (Associação Psiquiátrica Americana, 1994) e de acordo com a nossa experiência clínica, uma das marcas registradas dos transtornos de personalidade é a presença de padrões invasivos, inflexíveis, muito duradouros (*DSM-IV*, p. 629). Millon (1981) reforça esse ponto, especificando a *inflexibilidade adaptativa* e os *círculos viciosos* como dois dos maiores critérios para a patologia da personalidade: "as estratégias alternativas que o indivíduo emprega para relacionar-se com os outros, para atingir objetivos e para lidar com o estresse não só são poucas, em número, como também parecem ser empregadas rigidamente" (p. 9).

Ele explica os processos pelos quais o paciente com transtorno de personalidade cria círculos viciosos de seqüências autoderrotistas:

> Manobras como constrição protetora, distorção cognitiva e generalização de comportamentos são processos pelos quais os indivíduos restringem suas oportunidades de novas aprendizagens, interpretam mal acontecimentos essencialmente benignos e provocam reações nos outros que reativam problemas anteriores. (Millon, 1981, p. 9)

Ele prossegue, comparando os transtornos de personalidade com os "transtornos de sintoma", como a depressão:

> Os padrões de personalidade são profundamente "encravados" e penetrantes e tendem a persistir, essencialmente sem modificações, por longos períodos de tempo... Os transtornos de sintoma apresentam aspectos clínicos bem-delineados que são mais fáceis de modificar do que os traços pessoais inatos dos quais eles surgem. (Millon, 1981, p. 10)

Finalmente, Millon salienta que os traços de personalidade "parecem certos" para o indivíduo que os possui (são "ego-sintônicos").

Evitação. A terapia cognitiva de curto prazo supõe que os pacientes têm um acesso relativamente livre aos seus pensamentos e sentimentos. Todavia, em muitos transtornos de personalidade, os pensamentos e sentimentos são freqüentemente evitados, ou bloqueados, por serem dolorosos. Essa "evitação cognitiva" ou "evitação afetiva" pode ser explicada como resultado de um condicionamento aversivo: a ansiedade e a depressão foram condicionadas a lembranças e associações, levando à evitação. Esta se torna uma estratégia crônica que pode derrotar o tratamento cognitivo.

Segundo a visão psicanalítica tradicional, defesas como a repressão (isto é, evitação) são muito efetivas nos transtornos de personalidade:

> As defesas dos pacientes com transtornos de personalidade são parte da trama de suas histórias de vida e de suas identidades pessoais. Por mais desadaptativas que sejam suas defesas, elas representam soluções homeostáticas para problemas internos... Romper suas defesas evoca enorme ansiedade e depressão. (Kaplan e Sadock, 1985, p. 965)

Millon (1981) afirma que: "A repressão impede o indivíduo de 'desaprender' sentimentos perturbados ou de aprender maneiras novas de lidar com eles, potencialmente mais construtivas" (p. 101).

Embora os terapeutas cognitivos rejeitem grande parte da teoria psicanalítica, é inegável que muitos pacientes difíceis, crônicos, parecem evitar ativamente o exame de suas cognições e emoções mais profundas. Independentemente de como esse fenômeno é explicado, os terapeutas ainda precisam criar estratégias terapêuticas para lidar com essa evitação, ou serão continuamente bloqueados pelos transtornos de personalidade.

Dificuldades Interpessoais. A terceira marca registrada dos pacientes com transtornos de personalidade é o relacionamento interpessoal disfuncional. De fato, a maior parte das definições dos transtornos de personalidade do *DSM-IV* destaca essas dificuldades interpessoais, incluindo os transtornos histriônico, esquizóide, dependente, paranóide, evitativo e *borderline*.

Resumindo, três características dos transtornos de personalidade – rigidez, evitação e dificuldades interpessoais de longo prazo – fazem com que seja consideravelmente difícil aplicar a terapia cognitiva de curto prazo, conforme ilustrado anteriormente nos exemplos de caso. A seção seguinte descreve uma teoria clínica ampliada que leva em conta esses três fatores.

TEORIA DO ESQUEMA

Para permitir a mais completa conceituação e tratamento dos pacientes com transtornos de personalidade, propomos os cinco construtos teóricos seguintes como uma expansão do modelo cognitivo de curto prazo, proposto por Beck e seus colegas (1979):

1. Esquemas Iniciais Desadaptativos
2. Domínios de um Esquema
3. Manutenção de um Esquema
4. Evitação do Esquema
5. Compensação do Esquema

Essa expansão de termos (que desenvolveremos mais tarde) não pretende ser uma teoria abrangente de psicopatologia ou da personalidade, e sim uma "heurística clínica conveniente" (Segal, 1988). Oferecemos uma teoria de trabalho simples, compreensível para os pacientes, a qual permite a eles e aos terapeutas comunicarem-se sobre fenômenos de nível mais profundo que ainda não foram incorporados à maioria das terapias cognitivas comportamentais de curto prazo. Os construtos propostos aqui ainda não foram testados empiricamente e, portanto, devem ser vistos como especulativos. Além disso, embora falemos freqüentemente aos pacientes sobre esquemas, como se existissem estruturalmente e tivessem vida e força própria, fazemos isso apenas para facilitar a comunicação, tendo consciência de que essa é uma explicação não-sofisticada de um construto hipotético.

Em alguns de seus trabalhos anteriores, Beck (1967) enfatizou a importância dos esquemas na depressão:

> Um esquema é uma estrutura [cognitiva] que filtra, codifica e avalia os estímulos aos quais o organismo é submetido... Com base na matriz de esquemas, o indivíduo consegue orientar-se em relação ao tempo e espaço e categorizar e interpretar experiências de maneira significativa. (p. 283)

Beck segue adiante, destacando alguns aspectos dos esquemas. Ele hipotetiza que os esquemas podem explicar os temas repetitivos nas associações livres, nas imagens e nos sonhos. Observa que os esquemas podem ficar inativos em certos períodos, e depois "serem energizados ou desenergizados rapidamente, como resultado de mudanças no tipo de *input* do meio ambiente" (1967, p. 284)

Outra importante observação de Beck é que os esquemas contaminam a nossa interpretação dos acontecimentos de maneira consistente. Essa tendenciosidade na "psicopatologia" "reflete nas típicas concepções errôneas, atitudes distorcidas, premissas inválidas e metas e expectativas pouco realistas" (1967, p. 284).

Segal (1988) propõe a seguinte definição de esquema, resultante do consenso de muitos pesquisadores: "elementos organizados de reações e experiências passadas que formam um corpo de conhecimento relativamente coeso e persistente, capaz de guiar a percepção e a avaliação subseqüente" (p. 147). O nosso conceito de "esquema" é consistente com essa definição e com a de Beck, mas é mais limitado e específico, conforme vem a seguir.

Segal compara vários modelos diferentes de esquema. Esses modelos oferecem diferentes explicações sobre a (a) relação entre estados de humor e construtos pessoais e o (b) inter-relacionamento dos construtos pessoais dentro do sistema do *self*.

Não tentaremos apresentar outra teoria de esquemas, nem adotaremos uma das abordagens existentes. Em vez disso, o principal objetivo da teoria de esquema apresentada a seguir é direcionar as intervenções clínicas propostas mais tarde. Incluímos apenas a teoria suficiente para ajudar o terapeuta a conceituar o caso para o paciente, em termos simples, e a desenvolver uma estratégia de intervenção efetiva.

Esquemas Iniciais Desadaptativos

A terapia cognitiva de curto prazo focaliza principalmente três níveis de fenômenos cognitivos: pensamentos automáticos, distorções cognitivas e suposições subjacentes. Propomos uma ênfase maior no nível mais profundo de cognição: o Esquema Inicial Desadaptativo (EID).

Os Esquemas Iniciais Desadaptativos se referem a temas extremamente estáveis e duradouros que se desenvolvem durante a infância, são elaborados ao longo da vida e são disfuncionais em um grau significativo. Esses esquemas servem como modelos para o processamento da experiência posterior. Estruturalmente, esse conceito de esquema é similar ao "núcleo metafísico" de Lakatos:

> [Um] núcleo metafísico profundo, relativamente inquestionável... identificado essencialmente no autoconhecimento tácito, progressivamente elaborado durante o curso de desenvolvimento e que... é para o indivíduo uma espécie de visão geral implícita de si mesmo. (Citado em Guidano e Liotti, 1983, p. 66).

Os Esquemas Iniciais Desadaptativos apresentam várias características definidoras:

1. A maioria dos Esquemas Iniciais Desadaptativos são crenças e sentimentos incondicionais sobre si mesmo em relação ao ambiente. Os esquemas são verdades *a priori*, implícitas e aceitas como algo natural. Guidano e Liotti afirmam que: "A irrefutabilidade da estrutura profunda é, portanto, uma necessidade... real. Para nós, como indivíduos, o nosso autoconhecimento tácito é uma parte constitutiva de nós mesmos, sem nenhuma alternativa real" (1983, p. 67).

Podemos comparar os EIDs com as suposições subjacentes, as quais abrigam a possibilidade de sucesso: "Se eu for perfeito, se agradar a todos, o tempo todo, se for amado, então terei valor". Os esquemas, em contraste, normalmente são incondicionais e, portanto, mais rígidos: "Não importa o que eu faça, sou incompetente, não sou digno de amor, sou feio. Serei abandonado, serei castigado". Quando o esquema é ativado, o indivíduo acredita que só poderá, no melhor dos casos, retardar ou ocultar o mau resultado inevitável, tal como rejeição ou castigo.

2. Os Esquemas Iniciais Desadaptativos são autoperpetuadores e, portanto, muito mais resistentes à mudança. Uma vez que eles se desenvolvem cedo na vida, geralmente, constituem o núcleo do autoconceito da pessoa e de sua concepção do ambiente. Esses esquemas são confortáveis e familiares e, quando contestados, a pessoa vai distorcer informações para manter a sua validade. A ameaça da mudança esquemática é muito perturbadora para a organização cognitiva. Assim, o indivíduo automaticamente realiza uma série de manobras cognitivas (descritas mais tarde) para manter intacto o esquema.

Millon (1981, p.102) destaca o mesmo ponto em sua discussão sobre transtornos de personalidade:

> Depois que o indivíduo adquire um sistema de expectativas, responde com crescente atenção a elementos semelhantes em sua situação de vida... A importância das expectativas, das sensibilidades e dos hábitos de linguagem está no fato de que levam à distorção das realidades objetivas.

Guidano e Liotti (1983, p.88-89) também enfatizam a natureza circular dos esquemas:

> A seleção de dados da realidade externa que são coerentes com a auto-imagem obviamente confirma – de maneira automática e circular – a identidade pessoal percebida... Consideremos uma mulher que desenvolveu uma auto-imagem como "intrinsecamente não digna de amor".... Cada vez que é abandonada, ela processa os dados derivados da experiência com base em sua auto-imagem (de modo que esta é reconfirmada e fica mais estável a cada vez) e pouco a pouco sua qualidade de "não ser digna de amor" torna-se algo certo e "provado".

3. Os Esquemas Iniciais Desadaptativos, por definição, precisam ser disfuncionais de uma maneira significativa e recorrente. Hipotetizamos que eles podem levar, direta ou indiretamente, a um sofrimento psicológico como depressão ou pânico; à solidão ou a relacionamentos destrutivos; ao desempenho inadequado no trabalho; a adições como álcool, drogas ou excesso de alimentação; ou a transtornos psicossomáticos como úlceras ou insônia.
4. Os Esquemas Iniciais Desadaptativos normalmente são ativados por acontecimentos ambientais relevantes para o esquema específico. Por exemplo, quando um adulto com um esquema de Fracasso recebe uma tarefa difícil em que seu desempenho será examinado, o esquema irrompe. Começam a surgir pensamentos como: "Eu não vou conseguir. Vou fracassar. Vou fazer papel de idiota". Esses pensamentos normalmente são acompanhados por um alto nível de excitação afetiva, nesse caso ansiedade. Dependendo das circunstâncias e do esquema específico, o indivíduo poderia experienciar outras emoções, como tristeza, vergonha, culpa ou raiva.
5. Os EIDs comumente estão muito mais ligados a altos níveis de afeto, quando ativados, do que às suposições subjacentes. Por exemplo, quando alguns pacientes descobrem que mantêm a suposição de que "coisas realmente más só acontecem para as pessoas más", raramente rompem em lágrimas ou tremem de ansiedade. No entanto, quando os pacientes identificam um Esquema Inicial Desadaptativo, como Defectividade/ Vergonha, geralmente ocorre um alto nível de excitação afetiva.
6. Finalmente, os Esquemas Iniciais Desadaptativos parecem ser o resultado do temperamento inato da criança interagindo com experiências disfuncionais com pais, irmãos e amigos durante os primeiros anos de vida. Em vez de resultar de acontecimentos traumáticos isolados, a maioria dos esquemas, provavelmente, é causada por padrões continuados de experiências nocivas cotidianas com membros da família e outras crianças, que cumulativamente reforçam o esquema. Por exemplo, uma criança que é repetidamente criticada quando seu desempenho escolar não atinge o padrão parental fica propensa a desenvolver o esquema de Fracasso.

Millon (1981, p.101) enfatiza as persistentes influências das experiências iniciais negativas:

> As experiências significativas do período inicial da vida podem jamais voltar a ocorrer, mas seus efeitos permanecem e deixam sua marca... elas ficam registradas como lembranças, um traço permanente e um estímulo interno incrustado... Uma vez registrados, os efeitos do passado são indeléveis, incessantes e inescapáveis...
> Os resíduos do passado fazem mais do que contribuir passivamente com sua parcela para o presente... eles orientam, moldam ou distorcem o caráter dos acontecimentos correntes. Não só estão sempre presentes, como operam insidiosamente para transformar novas experiências-estímulo de acordo com as passadas.

Até agora foram identificados 18 Esquemas Iniciais Desadaptativos. Esses 18 abrangem os temas que observamos em quase todos os pacientes atendidos mais a longo prazo em nossa prática clínica. A maioria dos pacientes crônicos em psicoterapia apresenta mais de um desses esquemas nucleares. Além disso, cada esquema pode ter muitas variações sobre o mesmo tema. A Tabela 1 (p. 18-21) lista os 18 EIDs, juntamente com a definição de cada esquema. Os esquemas são agrupados em cinco amplos domínios de esquema (descritos na próxima seção), correspondendo às cinco necessidades desenvolvimentais da criança que, hipotetizamos, podem não ser atendidas.

TABELA 1.1 ESQUEMAS INICIAIS DESADAPTATIVOS E OS DOMÍNIOS DE ESQUEMA ASSOCIADOS (Revisados em novembro de 1998)*

DESCONEXÃO E REJEIÇÃO

(Expectativa de que as necessidades de segurança, estabilidade, carinho, empatia, compartilhamento de sentimentos, aceitação e respeito não serão atendidas, previsivelmente. A família de origem é tipicamente desligada, rejeitadora, refreadora, solitária, explosiva, imprevisível ou abusiva.)

1. *Abandono/Instabilidade.* A instabilidade ou falta de confiança percebida daqueles disponíveis para apoio e conexão. Envolve o sentimento de que os outros significativos não serão capazes de continuar proporcionando apoio emocional, conexão, força ou proteção prática, por serem emocionalmente instáveis e imprevisíveis (por exemplo, ataques de raiva), não-confiáveis ou erraticamente presentes; porque vão morrer a qualquer momento; ou porque abandonarão o paciente em favor de alguém melhor.
2. *Desconfiança/Abuso.* A expectativa de que os outros vão magoar, abusar, humilhar, trapacear, mentir, manipular ou tirar vantagem. Normalmente envolve a percepção de que o dano é intencional ou resultado de negligência injustificada e extrema. Pode incluir o sentimento de que a pessoa sempre acaba sendo enganada pelos outros ou a idéia de que "a corda sempre arrebenta no lado mais fraco".

---

*Desenvolvidos por Jeffrey E. Young, PhD. © 1998. É proibida a reprodução não-autorizada, sem o consentimento por escrito do autor. Para mais informações, escreva para: Cognitive Therapy Center of New York, 120 E. 56th Street, Suite 530, New York, NY 10022 ou telefone para (212) 588-1998.

3. *Privação Emocional.* A expectativa de que o desejo da pessoa de receber apoio emocional, em um grau normal, não será adequadamente atendida pelos outros. As três maiores formas de privação são: (a) *Privação de Carinho* – Ausência de atenção, afeição, carinho ou companheirismo; (b) *Privação de Empatia* – Ausência de entendimento, escuta, auto-revelação ou mútuo compartilhamento de sentimentos por parte dos outros; (c) *Privação de Proteção* – Ausência de força, direção ou orientação por parte dos outros.
4. *Defectividade/Vergonha.* O sentimento de que a pessoa é defectiva, má, indesejada, inferior ou inválida em aspectos importantes, ou de que ela não seria digna do amor das pessoas significativas, se exposta. Pode envolver hipersensibilidade a críticas, rejeição e culpa; constrangimento, comparações e insegurança perto dos outros; ou um sentimento de vergonha pelas falhas percebidas em si mesma. Essas falhas podem ser *privadas* (por exemplo, egoísmo, impulsos raivosos, desejos sexuais inaceitáveis) ou *públicas* (por exemplo, aparência física indesejável, inabilidade social).
5. *Isolamento Social/Alienação.* O sentimento de que a pessoa está isolada do resto do mundo, é diferente das outras e/ou não faz parte de nenhum grupo ou comunidade.

AUTONOMIA E DESEMPENHO PREJUDICADOS

(Expectativas sobre si mesma e o ambiente que interferem na capacidade percebida de separar-se, sobreviver, funcionar independentemente ou ter um bom desempenho. A família de origem é tipicamente emaranhada, abala a confiança da criança em si mesma, é superprotetora ou não consegue reforçar a criança para ter um desempenho competente fora da família.)

6. *Dependência/Incompetência.* A crença de ser incapaz de manejar as *responsabilidades diárias* de maneira competente, sem considerável ajuda dos outros (por exemplo, cuidar de si mesma, resolver os problemas do cotidiano, exercer julgamentos corretos, lidar com tarefas novas, tomar boas decisões), muitas vezes, apresenta-se como desamparo.
7. *Vulnerabilidade/Incompetência.* Medo exagerado de que uma catástrofe *iminente* aconteça a qualquer momento e de ser incapaz de evitar isso. Os medos podem ser: (a) *Catástrofes Médicas* – por exemplo, ataques cardíacos, AIDS; (b) *Catástrofes Emocionais* – por exemplo, enlouquecer; (c) *Catástrofes Externas* – por exemplo, o elevador despencar, ser vítima de criminosos, o avião cair, terremoto.
8. *Emaranhamento/Self Subdesenvolvido.* Excessivo envolvimento emocional e proximidade com uma ou mais pessoas significativas (freqüentemente os pais), à custa da individuação plena ou do desenvolvimento social normal. Muitas vezes, envolve a crença de que, pelo menos, uma das pessoas emaranhadas não pode sobreviver ou ser feliz sem o constante apoio da outra. Também pode incluir sentimentos de ser sufocada ou de estar fundida com os outros, *ou* de insuficiente identidade individual. Freqüentemente experienciado como um sentimento de vazio e desajeitamento, de não ter direção ou, em casos extremos, de questionamento da própria existência.
9. *Fracasso.* A crença de ter falhado, de que inevitavelmente fracassará ou de ser fundamentalmente inadequada em relação aos iguais, em áreas de *realização* (escola, carreira, esportes, etc.). Em muitos casos, envolve a crença de ser burra, inapta, sem talento, ignorante, de ter menos *status* e sucesso do que as outras pessoas, e assim por diante.

LIMITES PREJUDICADOS

(Deficiência em limites internos, responsabilidade com os outros ou orientação para objetivos de longo prazo. Leva à dificuldade de respeitar os direitos dos outros, cooperar com eles, comprometer-se ou estabelecer e cumprir metas pessoais. A família de origem é tipicamente caracterizada por permissividade, excesso de indulgência, falta de direção ou um senso de

superioridade – em vez de confrontação, disciplina e limites apropriados em relação a assumir responsabilidades, cooperar de maneira recíproca e estabelecer metas. Em alguns casos, a criança não foi obrigada a tolerar níveis normais de desconforto ou não recebeu supervisão, direção ou orientação adequadas.)

10. *Merecimento/Grandiosidade.* A crença de ser superior às outras pessoas, de merecer direitos ou privilégios especiais, ou de não ter de obedecer às regras de reciprocidade que orientam a interação social. Geralmente, envolve insistência em fazer ou ter tudo o que quiser, independentemente do que é realista, do que os outros consideram razoável, à custa dos outros; ou um foco exagerado na superioridade (por exemplo, estar entre os mais bem-sucedidos, famosos ou ricos) – a fim de ter *poder* ou *controle* (não tanto por atenção ou aprovação). Às vezes, inclui excessiva competitividade ou dominação em relação aos outros: afirmar o próprio poder, obrigar os outros a ter o mesmo ponto de vista ou controlar o comportamento dos outros de acordo com os próprios desejos, sem empatia ou preocupação com as necessidades ou os sentimentos dos outros.
11. *Autocontrole/Autodisciplina Insuficientes.* Dificuldade ou recusa de exercitar suficiente autocontrole e tolerância à frustração ao buscar metas pessoais, ou de restringir a expressão excessiva das emoções e dos impulsos. Em sua forma mais branda, o paciente apresenta uma ênfase exagerada na *evitação do desconforto*, à custa da realização pessoal, comprometimento ou integridade.

ORIENTAÇÃO PARA O OUTRO

(Um foco excessivo nos desejos, sentimentos e respostas dos outros, à custa das próprias necessidades a fim de obter amor e aprovação, manter o sentimento de conexão ou evitar retaliação. Muitas vezes, envolve a supressão e ausência de consciência da própria raiva e das inclinações naturais. A família de origem é tipicamente baseada na aceitação condicional: as crianças precisam suprimir aspectos importantes de si mesmas a fim de obter amor, atenção e aprovação. Em muitas dessas famílias, as necessidades e os desejos emocionais dos pais – ou aceitação e status social – são mais valorizados do que as necessidades e os sentimentos de cada criança.)

12. *Subjugação.* Excessiva submissão ao controle dos outros por sentir-se *coagido* – normalmente para evitar raiva, retaliação ou abandono. As duas maiores formas de subjugação são: (a) *Subjugação das Necessidades* – Supressão das preferências, decisões e desejos pessoais; (b) *Subjugação das Emoções* – Supressão da expressão emocional, especialmente a raiva. Envolve a percepção de que os próprios desejos, opiniões e sentimentos não são válidos ou importantes para os outros. Comumente, apresenta-se como obediência excessiva, combinada com hipersensibilidade a sentir-se encurralado. Pode levar, também, à escalação da raiva, manifestada em sintomas desadaptativos (por exemplo, comportamento passivo-agressivo, explosões descontroladas de raiva, sintomas psicossomáticos, retirada da afeição, "atuação", abuso de substâncias).
13. *Auto-sacrifício.* Foco excessivo no atendimento *voluntário* das necessidades alheias nas situações do cotidiano, à custa da própria gratificação. As razões mais comuns são evitar causar dor aos outros, evitar a culpa por sentir-se egoísta ou manter a conexão com pessoas percebidas como carentes. Resulta, muitas vezes, de uma aguda sensibilidade à dor alheia. Às vezes, a pessoa sente que suas próprias necessidades não estão sendo adequadamente atendidas e fica ressentida com aquelas que estão sendo cuidadas. (Sobrepõe-se ao conceito de co-dependência.)
14. *Busca de Aprovação/Busca de Reconhecimento.* Ênfase excessiva na obtenção de aprovação, reconhecimento ou atenção das pessoas, ou em se adaptar aos outros, à custa de

desenvolver um senso de *self* seguro e verdadeiro. O senso de auto-estima depende principalmente das reações alheias e não das inclinações naturais. Inclui, às vezes, uma ênfase exagerada em status, aparência, aceitação social, dinheiro ou realização – como um meio de obter *aprovação, admiração* ou *atenção* (não tanto por poder ou controle). Resulta em que as decisões de vida mais importantes não são autênticas ou são insatisfatórias, ou na hipersensibilidade à rejeição.

SUPERVIGILÂNCIA E INIBIÇÃO

(Ênfase excessiva na supressão dos sentimentos, dos impulsos e das escolhas pessoais espontâneas ou na criação de regras e expectativas internalizadas rígidas sobre desempenho e comportamento ético – à custa da felicidade, auto-expressão, relaxamento, relacionamentos íntimos ou saúde. A família de origem é tipicamente severa, exigente e, às vezes, punitiva: desempenho, dever, perfeccionismo, seguir regras, esconder emoções e evitar erros predominam sobre prazer, alegria e relaxamento. Existe uma propensão ao pessimismo e à preocupação de que as coisas não vão dar certo se a pessoa não for vigilante e cuidadosa o tempo todo.)

15. *Negativismo/Pessimismo.* Um foco amplo e permanente nos aspectos negativos da vida (dor, morte, perda, desapontamento, conflito, culpa, ressentimento, problemas não-resolvidos, possíveis erros, traição, coisas que podem dar errado, etc.) ao mesmo tempo em que se minimiza ou negligencia os aspectos positivos ou otimistas. Inclui uma expectativa exagerada – em diversas situações profissionais, financeiras ou interpessoais – de que as coisas acabem dando muito errado ou de que aspectos da vida, que parecem estar bem, possam piorar. Geralmente, envolve um medo extremo de cometer erros que possam levar a colapso financeiro, perdas, humilhação ou situações muito desagradáveis. Uma vez que os possíveis resultados negativos são exagerados, esses pacientes são, em geral, caracterizados por preocupação, vigilância, queixas ou indecisão crônicas.
16. *Inibição Emocional.* A inibição excessiva da ação, dos sentimentos ou das comunicações espontâneas – normalmente para evitar a desaprovação dos outros, os sentimentos de vergonha ou a perda de controle sobre os impulsos. As áreas mais comuns de inibição envolvem: (a) inibição da *raiva* e agressão; (b) inibição de *impulsos positivos* (por exemplo, alegria, afeição, excitação sexual, brincadeiras); (c) dificuldade de expressar *vulnerabilidade* ou de *comunicar-se* livremente sobre os próprios sentimentos, necessidades, e assim por diante; ou (d) ênfase excessiva na *racionalidade* enquanto se desconsideram as emoções.
17. *Padrões Inflexíveis/Crítica Exagerada.* A crença subjacente de que é preciso tentar estar à altura de *padrões internalizados* muito elevados de comportamento e desempenho para evitar críticas. Costuma resultar em sentimentos de pressão ou em dificuldade para desacelerar, ou numa crítica exagerada em relação a si mesma e aos outros. Precisa incluir um prejuízo significativo nas esferas de prazer, relaxamento, saúde, auto-estima, senso de realização ou relacionamentos satisfatórios. Os padrões inflexíveis apresentam-se tipicamente como: (a) *perfeccionismo*, extrema atenção a detalhes ou uma subestimação do bom desempenho da pessoa em relação à norma; (b) *regras rígidas* e "deveres" em muitas áreas da vida, incluindo preceitos morais, éticos, culturais ou religiosos irrealisticamente elevados ou (c) preocupação com *tempo* e *eficiência*, a fim de realizar mais.
18. *Caráter Punitivo.* A crença de que as pessoas devem ser severamente punidas por cometer erros. Envolve a tendência a uma atitude zangada, intolerante, punitiva e impaciente com aquelas pessoas (incluindo a si mesma) que não estão à altura das expectativas ou dos padrões pessoais. Pode-se incluir dificuldade para perdoar erros próprios ou alheios, por uma relutância em considerar circunstâncias atenuantes, a imperfeição humana ou empatizar com sentimentos.

Domínios e Origens dos Esquemas

Ao considerarmos as origens desses esquemas, observamos cinco tarefas desenvolvimentais primárias que a criança precisa negociar para se desenvolver de maneira sadia. Quando alguma dessas tarefas não é realizada, imaginamos que o paciente terá dificuldade para funcionar em um ou mais dos cinco domínios do esquema: (a) Desconexão e Rejeição; (b) Autonomia e Desempenho Prejudicados; (c) Limites Prejudicados; (d) Orientação para o Outro e (e) Supervigilância e Inibição. Quando os esquemas se desenvolvem na infância, eles bloqueiam a criança em um ou mais desses domínios.

Biologia e Temperamento. Antes de discutirmos cada domínio, devemos observar que a biologia e o temperamento, sem dúvida, desempenham um papel no desenvolvimento de alguns desses esquemas. Por exemplo, uma criança especialmente ansiosa por natureza talvez tenha maior dificuldade em passar da dependência para a autonomia. Da mesma forma, uma criança tímida por disposição pode ser mais propensa a desenvolver o esquema de Isolamento Social. A capacidade da criança de negociar cada uma das tarefas desenvolvimentais apresentadas abaixo pode ser, em parte, determinada por seu temperamento inato, em combinação com os estilos parentais e as influências sociais às quais está exposta. No entanto, no restante desta seção, vamos supor que a criança não apresenta nenhum traço biológico excepcional que poderia interferir significativamente na resolução de cada tarefa. A ênfase, portanto, estará no papel dos pais, dos irmãos e de outras crianças no desenvolvimento dos EIDs.

Desconexão e Rejeição. Conexão é o sentimento de estar conectado a outras pessoas de maneira estável, duradoura e confiante; uma forma de conexão envolve intimidade: laços emocionais estreitos com os outros; uma segunda forma envolve integração: um sentimento de pertencer e de ajustar-se a um grupo de amigos, família e comunidade. A integração é obtida quando o indivíduo acredita ser socialmente desejável e hábil, e quando se sente parecido com outras pessoas.

A aceitação envolve o sentimento de ser amável (digno de ser amado), aceitável e desejável para os outros e merecedor de atenção, amor e respeito. As crianças que não obtêm aceitação sentem-se rejeitadas.

Para desenvolver um sentimento de conexão, as crianças precisam de amor e de carinho confiáveis, bem como de cuidados parentais que inspirem segurança. Isso faz com que as crianças se sintam bem-cuidadas. Elas também precisam de um ambiente familiar seguro, sem brigas excessivas. E precisam receber o mesmo amor e a mesma atenção que seus irmãos e irmãs recebem. Os pais devem estimular os filhos a se socializarem com outras crianças. Finalmente, para desenvolver o sentimento de conexão, as crianças precisam ter boas experiências de socialização com seus iguais, individualmente e em grupos, durante a infância e a adolescência.

Para desenvolver um sentimento de aceitação em vez de rejeição, as crianças precisam do amor e do respeito dos pais e irmãos, e da aceitação social dos iguais.

Quando elas não têm esse tipo de ambiente seguro, com amor, empatia, atenção, respeito, aceitação e experiências sociais positivas, ficam propensas aos esquemas relacionados à Desconexão e Rejeição: Abandono/Instabilidade, Desconfiança/Abuso, Privação Emocional, Defectividade/Vergonha e Isolamento Social/Alienação.

As crianças ficam propensas a desenvolver esses esquemas quando não recebem amor, respeito, aceitação ou atenção suficientes por parte dos pais. Em certas circunstâncias, isso acontece quando os pais morrem, ou saem de casa permanentemente, ou quando elas são freqüentemente deixadas sozinhas durante os primeiros anos. A rejeição desenvolve-se quando as crianças são repetidamente criticadas pelos pais, quando sentem que não são desejadas ou quando são ignoradas pelos iguais. Esses esquemas também podem desenvolver-se quando as crianças carecem das qualidades consideradas extremamente desejáveis de atratividade social para o sexo oposto, ou quando elas não têm interesses tradicionalmente apropriados para o gênero. Assim, a desconexão pode ocorrer quando a criança é abusada, enganada ou exposta a mentiras dos pais ou dos amigos.

Autonomia e Desempenho Prejudicados. Autonomia é o sentimento de poder funcionar independentemente no mundo, sem o contínuo apoio dos outros. Os indivíduos autônomos estabelecem um senso de identidade individual e aprendem a se separar dos pais e a sobreviver no mundo fora da família. Eles têm dentro de si um senso de integridade e controle físico, mental e psicológico. Por fim, as pessoas autônomas acreditam que seu ambiente é relativamente seguro e não ficam hipervigilantes às ameaças. Desempenho refere-se à capacidade de se sair bem na escola e no trabalho.

Para desenvolver um senso de si mesma como alguém competente e autônomo, a criança precisa ser encorajada a funcionar de modo independente e a se sair bem na escola, sem ajuda excessiva dos pais. Ela precisa reassegurar-se de que é sadia, forte, competente, e de que o mundo é um lugar relativamente seguro. Nesse sentido, as crianças devem ter responsabilidades e tarefas individuais para poderem sentir que suas decisões e seus julgamentos são válidos.

Quando os pais não conseguem proporcionar um ambiente que encoraje a autonomia, pode desenvolver-se um dos quatro esquemas relacionados à autonomia e ao desempenho: Dependência/Incompetência, Vulnerabilidade ao Dano e à Doença, Emaranhamento/*Self* Subdesenvolvido, Fracasso.

Esses esquemas freqüentemente surgem quando os pais superprotegem os filhos – por exemplo, avisando-os, a toda hora, de perigos e riscos exagerados. Problemas de autonomia podem surgir quando as crianças observam os pais preocupando-se continua e desnecessariamente, ou quando elas não recebem responsabilidades que careçam de sua atenção. Muitos pais intervêm quando os filhos têm uma dificuldade mesmo que seja mínima. O oposto também pode levar a problemas com a dependência: quando as crianças raramente são ajudadas a fazer alguma coisa e recebem pouca orientação ou direção. Parece que qualquer extremo – tanto fazer tudo pelos filhos como deixá-los com muito pouca orientação – pode levar a dificuldades com a autonomia.

Limites Prejudicados. O termo Limites Realistas refere-se à capacidade de disciplinar-se, de controlar os próprios impulsos e de levar em conta as necessidades dos outros, tudo isso em um grau apropriado.

É importante que a criança desenvolva um senso de limites. A melhor maneira de fazer isso é proporcionar um ambiente que não seja permissivo demais. A criança se beneficia de limites realistas ao seu comportamento, de modo a aprender a ter autocontrole e a preocupar-se com os outros. Os esquemas de Merecimento/Grandiosidade e Autocontrole/Autodisciplina Insuficientes desenvolvem-se quando as crianças são muito mimadas pelos pais, elogiadas de forma exagerada, por suas realizações, têm liberdade para fazer tudo o que querem sem importar-se com as necessidades dos outros, não aprendem que os relacionamentos envolvem compartilhamento e reciprocidade, e não são ensinadas a lidar com a derrota ou a frustração. Tais crianças podem ouvir que são especiais, e muito poucos limites lhes são colocados.

Orientação para o Outro. É importante para o desenvolvimento sadio que a criança aprenda a expressar suas necessidades e emoções, sem um medo indevido de represálias ou culpa. Para desenvolver um senso sadio de orientação para o outro, a criança precisa ter pais que a encorajem a expressar apropriadamente suas necessidades e respondam a essas necessidades sem indevida restrição, punição ou retirada de apoio.

Quando a família apóia uma orientação não-sadia para o outro, a criança aprende a dar uma ênfase excessiva aos desejos, aos sentimentos e às respostas dos outros, à custa de suas legítimas necessidades. Ela faz isso para obter o amor e a aprovação dos pais, manter a conexão ou evitar a retaliação. A criança com tal problema pode suprimir a consciência, a expressão da própria raiva e as "inclinações naturais", incluindo seus interesses e talentos. Ela pode tornar-se boa demais em se conformar às expectativas dos outros.

Os pais que oferecem aceitação condicional estimulam problemas nesse domínio: as crianças aprendem a suprimir aspectos importantes de si mesmas. Muitas vezes, os pais valorizam mais os próprios desejos e suas necessidades emocionais do que os desejos e as necessidades dos filhos. Esse padrão leva ao desenvolvimento dos esquemas desse domínio: Subjugação, Auto-sacrifício e Busca de Aprovação/Reconhecimento.

Supervigilância e Inibição. As crianças precisam de estímulo para expressar sentimentos, impulsos e escolhas com espontaneidade. Não é saudável estarem constantemente vigiando-se para não cometer erros ou não cumprir regras e expectativas rígidas. Quando aprendem a supervigilância e a inibição, com freqüência é à custa de sua felicidade, sua auto-expressão, seu relaxamento, seu prazer, sua intimidade ou sua saúde.

Os pais que criam problemas nesse domínio, comumente, são severos, rígidos ou punitivos. Eles superenfatizam o desempenho, o dever, o perfeccionismo, o seguimento de regras e a evitação de erros. A vida pode perder a alegria e ficar caracterizada pela preocupação e pelo pessimismo. Alguns dos problemas surgem quando a criança é solicitada a fazer mais do que seria razoável e percebe que jamais conseguirá fazer o suficiente. Esses pais priorizam mais a realização do que a felicidade. A criança sente que a única maneira de merecer o amor desses pais é atingindo um nível extremamente elevado. Os pais que se comportam assim podem dar origem a algum dos quatro esquemas desse domínio: Negatividade/Pessimismo, Inibição Emocional, Padrões Inflexíveis/Crítica Exagerada e Caráter Punitivo.

As crianças, em suma, têm cinco tarefas primárias: conexão e aceitação, autonomia e desempenho, limites realistas, auto-orientação e auto-expressão, espontaneidade e prazer. Quando os pais e o ambiente social são ótimos, as crianças se desenvolvem de maneira sadia em todas as cinco áreas. Entretanto, quando o ambiente parental ou social não é ótimo, a criança pode desenvolver Esquemas Iniciais Desadaptativos em um ou mais desses domínios de esquema. Tais esquemas então persistem por toda a vida e tornam-se princípios organizadores do funcionamento cognitivo, emocional, interpessoal e comportamental do paciente.

Processos de um Esquema

Identificamos três importantes processos de um esquema: manutenção do esquema, evitação do esquema e compensação do esquema. Tais processos explicam como os esquemas funcionam dentro do indivíduo, como são mantidos e como são evitados; e como os pacientes, às vezes, adaptam-se a esquemas pela supercompensação. Esses processos podem ocorrer dentro da esfera cognitiva, do domínio afetivo e no funcionamento comportamental de longo prazo.

Manutenção do Esquema. Enfatizamos anteriormente que, para muitos pacientes, os Esquemas Iniciais Desadaptativos constituem o fundamento do autoconceito. Os EIDs são centrais na organização da personalidade. *Manutenção do esquema* refere-se a processos pelos quais os Esquemas Iniciais Desadaptativos são reforçados. Esses processos incluem distorções cognitivas e padrões de comportamento autoderrotistas. Os processos de manutenção do esquema explicam a rigidez tão característica dos transtornos de personalidade.

No nível cognitivo, a manutenção do esquema acontece salientando-se ou exagerando-se informações que confirmam o esquema e negando-se ou minimizando-se informações que contradizem o esquema. Muitos desses processos de manutenção do esquema já foram descritos por Beck como distorções cognitivas (Beck, 1967). Algumas das distorções mais comuns são magnificação, minimização, abstração seletiva e supergeneralização. Quando o terapeuta começa a duvidar desses esquemas ou a contestá-los, geralmente encontra uma enorme resistência. O paciente muitas vezes tenta ativamente provar para o terapeuta que o esquema é verdadeiro. Informações são distorcidas para manter o esquema intacto.

No nível comportamental, a manutenção do esquema é obtida por padrões de comportamento autoderrotistas. Esses *padrões de comportamento induzidos pelo esquema* podem ter sido adaptativos e funcionais no ambiente familiar inicial do paciente. Mais tarde, fora do ambiente familiar original, esses comportamentos são autoderrotistas e acabam reforçando os esquemas do paciente. Por exemplo, uma mulher com um esquema de subjugação pode escolher repetidamente homens dominadores. Ao fazer isso, ela adota um papel subordinado que lhe é confortável e familiar, enquanto reforça sua visão de si mesma como subjugada. A escolha desadaptativa do parceiro é um dos mecanismos mais comuns pelos quais os esquemas são mantidos.

A manutenção do esquema com freqüência leva os pacientes a se sentirem *desesperançados* quanto a mudar seus esquemas, mesmo depois de terem aprendido a reconhecê-los e a monitorá-los. Os Esquemas Iniciais Desadaptativos parecem tão inextricavelmente ligados à sua visão de si mesmos, que muitos pacientes não conseguem modificá-los, por mais motivados que estejam.

Dessa forma, percebe-se que os filtros cognitivos e os comportamentos autoderrotistas são os principais mecanismos de manutenção dos esquemas e, juntos, servem para perpetuá-los, tornando-os cada vez mais inflexíveis.

Evitação do Esquema. A importância da evitação como uma característica dos transtornos de personalidade já foi enfatizada. Reiterando: quando os EIDs são acionados, o indivíduo normalmente experiencia um elevado nível de afeto, tal como intensa raiva, ansiedade, tristeza ou culpa. Essa intensidade emocional pode tornar-se desagradável e a pessoa então cria processos tanto volitivos quanto automáticos para evitar acionar o esquema ou sentir o afeto a ele conectado. Tais processos podem ser explicados como um condicionamento aversivo.

Observamos vários tipos de evitação do esquema. Alguns desses processos envolvem *evitação cognitiva*. Evitação cognitiva refere-se às tentativas automáticas ou volitivas de bloquear *pensamentos ou imagens* que possam acionar o esquema. Por exemplo, quando alguns pacientes são solicitados a recordar um acontecimento que aciona o esquema, eles dizem: "Eu não quero pensar sobre isso" ou "Eu esqueci"; e, se solicitados a visualizar a situação, talvez fechem os olhos e digam: "Tudo o que eu vejo é uma tela em branco".

Alguns desses processos cognitivos de evitação sobrepõem-se ao conceito psicanalítico de mecanismos de defesa. Exemplos disso seriam repressão, supressão e negação. Outra estratégia de evitação cognitiva pode ser a despersonalização: um processo pelo qual o paciente se remove psicologicamente da situação que desencadeia um EID. O comportamento compulsivo tem, muitas vezes, a mesma função de distrair o paciente e fazer com que não focalize seus pensamentos em acontecimentos de vida, potencialmente perturbadores, que desencadeiam esquemas.

Um segundo tipo de processo de evitação de esquema é a *evitação afetiva*. A evitação afetiva refere-se a tentativas volitivas ou automáticas de bloquear *sentimentos* que são desencadeados pelos esquemas. Por exemplo, alguns pacientes *borderline* disseram-nos que cortaram os pulsos para amortecerem-se e não sentirem a dor intolerável provocada pelos esquemas iniciais. No entanto, mais freqüentemente, observamos pacientes que parecem ter aprendido processos automáticos para amortecer a experiência emocional. Esses pacientes raramente sentem raiva, tristeza ou ansiedade extremas, mesmo em situações que certamente desencadeariam essas emoções na maioria das pessoas. Essa evitação afetiva pode ocorrer mesmo quando não há nenhuma evitação cognitiva. Em outras palavras, diante de um acontecimento de vida perturbador, alguns pacientes são perfeitamente capazes de relatar suas cognições, mas negam sentir as emoções que normalmente acompanhariam esses pensamentos. O resultado desse processo de evitação afetiva parece ser que os pacientes evitantes experienciam sintomas psicossomáticos e emoções mais crônicas e difusas, em comparação com pacientes não-evitantes que experienciam emoções mais intensas e agudas que passam rapidamente, seguidas por períodos de humor normal.

O tipo final de evitação do esquema é a *evitação comportamental*. A evitação comportamental refere-se à tendência de muitos pacientes de evitar *situações ou circunstâncias de vida real* que possam desencadear esquemas dolorosos. Em suas formas mais extremas, a evitação comportamental pode ser demonstrada pelo isolamento social, pela agorafobia ou incapacidade em tentar qualquer tipo de carreira produtiva ou responsabilidades familiares.

Como exemplo de uma forma menos extrema de evitação comportamental, imaginem um homem com o esquema de Fracasso. Ele supõe, *a priori*, que vai fracassar em qualquer tarefa profissional que tentar. Baseado nessa premissa, ele evita comprometer-se com uma carreira exigente e não busca promoções ou avanço no emprego. Essa sub-realização é um exemplo de um processo desencadeado pelo esquema. Ao não buscar desafios, ele evita a dor do que imagina ser um fracasso inevitável; entretanto, ao manter o *status quo* no trabalho, ele também reforça sua visão de si mesmo como incompetente. Assim, o comportamento de evitação do esquema protege a pessoa de comprometer-se plenamente com situações que poderiam acionar esquemas iniciais. Só que esse processo de não-comprometimento é autoderrotista e nunca contesta a validade do próprio esquema.

Em resumo, os três tipos mais importantes de evitação do esquema – cognitivo, afetivo e comportamental – permitem que o paciente escape da dor associada ao seu EID. Todavia, o preço dessa evitação é (a) o esquema talvez nunca ser trazido à tona e questionado e (b) serem evitadas as experiências de vida que poderiam refutar a validade dos esquemas.

Compensação do Esquema. Compensação do esquema refere-se a processos que supercompensam os Esquemas Iniciais Desadaptativos. Temos observado que muitos pacientes adotam estilos cognitivos ou comportamentais que parecem ser o *oposto* do que prediríamos a partir do conhecimento de seus esquemas iniciais. (Os analistas discutem a noção de formação reativa, um conceito relacionado.) Por exemplo, alguns pacientes que experienciaram uma significativa Privação Emocional na infância comportam-se de maneira narcisista quando adultos. Seu aparente senso de merecimento obscurece a privação subjacente.

A compensação do esquema, muitas vezes, é funcional até certo ponto, pois, em vez de se comportar de modo a reforçar um senso de privação, alguns pacientes se esforçam ao máximo para atender a essas necessidades. Infelizmente, as tentativas podem passar dos limites e acabar sendo um tiro pela culatra. O paciente narcisista pode acabar afastando amigos, cônjuges e colegas, voltando novamente a um estado de privação.

O paciente contradependente pode rejeitar qualquer ajuda oferecida pelos outros e se tornar excessivamente autoconfiante – incapaz de pedir ajuda mesmo quando necessário e apropriado, ou o paciente com um esquema de Dependência/ Incompetência pode negar veementemente a validade de qualquer crítica – e assim nunca ter o benefício do *feedback* construtivo que poderia levar à maior competência ou ao sucesso.

A compensação do esquema quase sempre envolve a incapacidade de reconhecer a vulnerabilidade subjacente e, portanto, deixa o paciente despreparado para a grande dor emocional se a compensação do esquema falhar e o esquema irromper. Além disso, os comportamentos supercompensatórios desencadeados pelo esquema podem infringir injustamente os direitos dos outros e acabar levando a péssimas conseqüências na vida real.

A Tabela 1.2 (p. 29) salienta as distinções entre os três tipos mais importantes de comportamentos desencadeados por esquemas: comportamentos de manutenção, compensação e evitação do esquema. Para cada esquema, a tabela oferece um exemplo de cada processo e também de um comportamento *adaptativo* não desencadeado pelo esquema, o que é típico das pessoas que *não* têm o esquema em questão.

TABELA 1.2 EXEMPLOS ILUSTRATIVOS DE PROCESSOS COMPORTAMENTAIS DESENCADEADOS POR ESQUEMAS

Esquema Inicial	Comportamento de Manutenção do Esquema	Comportamento de Compensação do Esquema	Comportamento de Evitação do Esquema	Comportamento Adaptativo
Dependência/ Incompetência	Depende totalmente dos outros para escrever o trabalho.	Escreve o trabalho sem nenhuma ajuda, mesmo podendo recebê-la.	Adia o trabalho.	Escreve o trabalho com alguma ajuda, se necessário.
Privação Emocional	Escolhe um parceiro que não está disponível.	É extremamente exigente em relação a um parceiro.	Evita completamente a intimidade.	Mantém um relacionamento íntimo, mútuo, com equilíbrio entre dar e receber.
Subjugação	Agrada aos outros; não se preocupa consigo mesmo.	Não faz nada que os outros querem.	Adia a ação.	Encontra o equilíbrio entre as necessidades pessoais e as alheias.
Fracasso	Realiza um projeto de forma indiferente; faz com que dê errado.	Não admite os erros quando lhe são mostrados.	Adia ou se recusa a fazer o projeto.	Realiza bem o projeto e aceita conselhos válidos.
Defectividade/ Vergonha	Escolhe um parceiro muito crítico.	Exige constante admiração e aprovação.	Evita relacionamentos íntimos.	Mantém relacionamentos íntimos em que ambos os parceiros expressam força e vulnerabilidade.
Isolamento Social/ Alienação	Freqüenta atividades grupais, mas fica na periferia.	Ataca membros do grupo por seus valores.	Evita grupos inteiramente.	Participa animadamente de atividades grupais.

2
Terapia Focada em Esquemas: Conceituação de Caso e Avaliação do Paciente

INTRODUÇÃO

A terapia focada em esquemas divide-se em duas fases: (a) avaliação e conceituação do caso e (b) mudança do esquema. Este capítulo trata da primeira fase, que requer oito passos básicos. Esses oito passos, resumidamente, são:

1. Identificar os sintomas e problemas apresentados na sessão inicial de avaliação. Obter uma história de vida breve, focada.
2. Administrar o Multimodal Life History Inventory (A. Lazarus e C. Lazarus, 1991) e o Questionário de Esquemas de Young (Forma Longa, Segunda Edição) (YSQ; veja o Apêndice A, p. 59-69).
3. Instruir o paciente sobre os esquemas e discutir o YSQ.
4. Desencadear esquemas na sessão e fora dela por meio de imagens, discutindo acontecimentos perturbadores do passado e do presente, examinando o relacionamento terapêutico, recomendando livros e filmes relevantes, examinando sonhos e propondo tarefas de casa.
5. Confrontar a evitação do esquema, se necessário.
6. Identificar comportamentos desencadeados pelo esquema: manutenção, evitação e compensação do esquema. Administrar o Young-Rygh Avoidance Inventory (YRAI; Young e Rygh, 1994) e o Young Compensation Inventory (YCI; Young, 1995), se apropriado.
7. Integrar as informações precedentes em uma conceituação coerente do paciente. Administrar o Young Parenting Inventory (YPI; Young, 1994). Ligar os problemas apresentados, as experiências da infância (origens), os padrões de comportamento adolescentes e adultos, as emoções e o

relacionamento terapêutico com os EIDs. Completar o Formulário de Conceituação do Esquema (Young, 1992). Obter *feedback* do paciente sobre a conceituação do caso.
8. Distinguir entre esquemas primários, secundários e vinculados. Escolher um ou dois esquemas nucleares para o processo de mudança.

A Avaliação

O primeiro estágio para identificação de esquemas é a sessão de avaliação. Durante essa sessão, o terapeuta tenta identificar os sintomas e os problemas apresentados. O terapeuta começa a conectar determinadas emoções, sintomas, problemas de vida e esquemas. Durante o curso da investigação sobre acontecimentos de vida e sintomas, são desenvolvidas hipóteses sobre possíveis temas. Questões de Desconexão e Rejeição, Autonomia e Desempenho Prejudicados, Limites Prejudicados, Orientação para o Outro e Supervigilância e Inibição são explorados para identificar que domínios apresentam problemas significativos para o paciente.

Para ilustrar o processo de identificar e mudar esquemas, vamos apresentar uma paciente chamada Carla, uma jovem de 22 anos que cursava o primeiro ano de Direito quando procurou tratamento.*

Quando Carla chegou para a sua primeira sessão, os sintomas que ela apresentava eram pânico, agitação, depressão, letargia, cansaço, dificuldade para dormir, despersonalização e sentimento de estar perdida. Em termos de acontecimentos específicos de vida, ela atribuía esses sentimentos a: (a) "pressionar a mim mesma na faculdade, mas sem saber por quê"; (b) questionar sua identidade ("Quem sou eu?"); (c) não ter amigos ou relacionamentos íntimos e (d) dificuldades com a família. Seu escore no Beck Depression Inventory (Beck e Steer, 1987) foi 17, com escores especialmente altos nos itens relacionados à culpa, a estar desgostosa consigo mesma e a culpar-se o tempo todo por suas falhas.

Questionários

O segundo estágio no processo de identificação é a administração do Multimodal Life History Inventory e do Questionário de Esquemas de Young. Esses normalmente são dados como tarefa de casa entre as sessões dois e quatro.

No Multimodal Life History Inventory, Carla indicou os maiores problemas de comportamento que gostaria de modificar: "Eu gostaria de ter maior equilíbrio em minha vida" e "Não consigo mais me concentrar em nada". Ela listou seus maiores medos: medo de fracassar, medo de ficar sozinha, medo de perder as pessoas que eram importantes para ela e medo de não ser capaz de compartilhar sua vida com os outros. Também relatou um constante sentimento de frieza, no

---

* Foram feitas pequenas modificações na conceituação do caso de Carla para esta nova edição, refletindo mudanças recentes nos nomes dos esquemas.

entanto, disse não saber de onde vinha esse sentimento, e também um sentimento periódico de despersonalização.

Na seção referente a imagens, Carla disse ter imagens desagradáveis da infância: imagens de desamparo e de solidão. Descreveu sentimentos de mágoa, de não ser capaz de lidar com as situações, de perder o controle, de magoar os outros, de fracassar e de estar presa em uma armadilha. Na seção referente à visão de si mesma, disse que se via como inútil, pouco atraente, pouco desejável e incapaz de fazer bem alguma coisa.

Na seção relativa a valores e suposições subjacentes, ela revelou uma crença muito forte na afirmação "É minha responsabilidade fazer as outras pessoas felizes". Ela também endossou afirmações de que deveria ser boa em tudo o que fizesse, de que é muito importante agradar aos outros, e de que deveria buscar a perfeição. Na seção de completar frases, Carla completou a frase "Desde criança, eu..." escrevendo "amo minha família mais do que a mim mesma". Carla acrescentou um adendo ao questionário, no qual escreveu o seguinte:

> Nos últimos quatro meses, tudo e todos me perturbam. Tenho estado tensa, irritável e deprimida a maior parte do tempo. Parece que não consigo relaxar nem sentir alívio com nenhuma atividade. Me preocupo constantemente. Tenho tido dificuldade em lidar com as pressões da faculdade e da família. Não consigo me concentrar. Não sei o que quero para mim em termos de carreira ou de qualquer outra coisa. Sinto que não tenho uma vida, tenho apenas uma existência e não me sinto feliz.
>
> Nunca consigo dormir bem. Tenho tido muitos pesadelos nos últimos meses – a coisa mais assustadora neles é serem experiências reais da minha vida. Tenho medo de ser um fracasso, de não conseguir fazer nada direito ou nada que me faça sentir bem. Não sei na verdade quem sou: minha vida parece inseparável de meus pais. Tenho tentado tanto estar à altura das expectativas dos meus pais, mas parece que nunca consigo chegar lá. Eu era bem-humorada e alegre; agora, me sinto mal o tempo todo; sou um vulcão prestes a explodir.

Instruindo o Paciente Sobre os Esquemas

O terceiro passo no processo de identificação é instruir os pacientes sobre a natureza dos esquemas. O terapeuta explica que os esquemas são temas extremamente fortes relativos à pessoa e aos outros, aprendidos em uma idade muito inicial e autoderrotista. As crenças e os sentimentos são tão fortes que os pacientes simplesmente acreditam que são verdade. O terapeuta mostra que os esquemas são diferentes de quase todos os outros tipos de pensamento por terem por trás uma tremenda força emocional. É a força de uma vida inteira de lembranças e de constante repetição que os reforça.

Os esquemas, em geral, são centrais na auto-imagem do paciente e em sua visão de mundo. Naturalmente, os esquemas lutarão ferozmente para sobreviver. Pode ser muito confortável, e até reassegurador, para um paciente agarrar-se a um esquema, independentemente das consequências negativas para a sua vida. Às vezes, comparamos os esquemas a um sapato velho e confortável que já não é muito usado, mas que não conseguimos jogar fora por ser tão confortável.

Explicamos ao paciente que antecipamos que ele vá distorcer informações para manter o esquema, e que não deve desanimar pelo fato de a modificação do esquema ser tão lenta. Estamos tentando prepará-lo para o processo da mudança do esquema. Usamos a metáfora de uma guerra e enfatizamos que teremos de lutar contra o esquema. Normalmente, sugerimos que o paciente leia *Reinventing Your Life* (Young e Klosko, 1994), um livro de auto-ajuda baseado na abordagem focada em esquemas, assim como o "Guia do Cliente para a Terapia Focada em Esquema" (veja o Apêndice B, p. 73-85).

Depois de explicar a natureza dos esquemas, o terapeuta revisa detalhadamente com o paciente o Questionário de Esquemas de Young (Forma Longa, Segunda Edição). O terapeuta presta atenção especial nos itens em que o escore do paciente foi mais alto (5 ou 6) e pede exemplos para ampliar e esclarecer as respostas do paciente. Quando possível, o terapeuta tenta ligar as respostas do YSQ ou aos problemas apresentados ou às respostas do Multimodal Life History Inventory, a fim de demonstrar a relevância dos esquemas na vida do paciente.

A seguir estão os esquemas nos quais Carla teve escores altos no Questionário de Esquemas de Young.

1. *Emaranhamento/Self Subdesenvolvido.* Carla mencionou que não conseguia separar sua vida da vida dos pais. Também mencionou não ter um senso de identidade e não saber o que queria.
2. *Subjugação e Auto-sacrifício.* Em seu questionário e durante a sessão, Carla afirmou que colocava as necessidades dos outros antes das suas e que gostaria de ser capaz de pensar mais em si mesma. Ela também percebeu o sintoma da raiva. Tudo isso é típico dos pacientes com esquemas de Subjugação e Auto-sacrifício, em que o problema está em suprimir as próprias necessidades e sentimentos a fim de agradar aos outros.
3. *Fracasso.* Carla mencionou seu medo de ser um fracasso, de cometer muitos erros e não conseguir fazer nada certo.
4. *Abandono/Instabilidade, Defectividade/Vergonha e Privação Emocional.* Todos esses parecem ser temas importantes para Carla. Ela mencionou imagens de solidão, a sensação de estar perdida, o medo de ficar sozinha, de perder pessoas importantes para ela e de não ser digna de amor e desejo. Carla também se via como pouco atraente, feia.
5. *Padrões Inflexíveis/Crítica Exagerada.* Carla parecia ter uma considerável dificuldade para estabelecer expectativas razoáveis para si mesma, especialmente na esfera das realizações e responsabilidades irrealistas. Ela mencionou que exigia muito de si mesma, sem nem saber por que, tinha que ser boa em tudo o que fazia, buscava a perfeição, e disse que gostaria de ter mais equilíbrio entre o trabalho e as outras áreas. Ela identificou o "trabalhar demais" como um problema de comportamento.

6. *Caráter Punitivo*. Finalmente, parecia que Carla estava tendo dificuldade com o Caráter Punitivo. Em seu Multimodal Life History Inventory, disse que tentava fazer com que as pessoas a compreendessem, e desabafou dizendo: "Elas estão zangadas comigo. Acham que eu fiz alguma coisa que não fiz". Esse é o pensamento típico dos pacientes com o esquema do Caráter Punitivo: de alguma maneira, eles fizeram alguma coisa errada, ou são maus e sentem que merecem ser castigados.

Desencadeando Esquemas

Até esse momento, o processo de identificação foi principalmente cognitivo, isto é, racional e intelectual. O próximo passo é o terapeuta desencadear esquemas de uma maneira afetiva durante a sessão e fora dela. Ao utilizar técnicas experienciais para desencadear esquemas, o terapeuta pode testar cada um dos esquemas hipotetizados durante os primeiros quatro passos para ver se ele se aplica ao caso. Podemos determinar que um esquema foi desencadeado quando é despertado um alto nível de afeto. Quanto mais alto o nível de afeto, mais primário, provavelmente, é o esquema. Os esquemas secundários geralmente têm menor carga emocional e podem nem ser desencadeados nessa fase. Há várias estratégias para desencadear esquemas:

Imagens. Uma técnica extremamente útil é pedir aos pacientes que fechem os olhos e relatem qualquer imagem que lhes venha à mente de forma espontânea. Uma variação dessa técnica é pedir ao paciente que traga uma imagem de um tipo específico de situação que o terapeuta acredita, a partir de dados anteriores obtidos do paciente, ser capaz de desencadear o esquema. Por exemplo, uma cena com o cônjuge ou um dos pais.

Voltando ao nosso exemplo de caso, Carla relatou duas imagens durante sua segunda sessão de terapia. Uma delas foi a de seus pais e seu irmão, quando ela era criança. Ela contou que os pais pareciam muito infelizes e estavam brigando acerca de seu irmão. O irmão não estava esforçando-se na escola e não arrumava o quarto. Enquanto relatava essa imagem, Carla disse que sentia a cabeça girar, que havia muito barulho e que sua cabeça estava doendo.

Em uma segunda imagem, ela estava sozinha em seu quarto. Relatou sentir-se fria e fechada: "Não há nada dentro e nada fora. Eu me sinto diferente, estou fora de controle".

Essas imagens reforçaram hipóteses anteriores sobre ela em relação a esquemas específicos. Os temas de Caráter Punitivo, Subjugação e Padrões Inflexíveis/ Crítica Exagerada estavam evidentes na primeira imagem, e o tema de ser abandonada estava aparente na segunda.

Acontecimentos Atuais. Uma segunda técnica para desencadear esquemas é discutir acontecimentos perturbadores que estão acontecendo na vida do paciente.

Ao pedir ao paciente que fale sobre acontecimentos que são perturbadores ou que desencadeiam fortes sentimentos, o terapeuta pode obter mais informações sobre os esquemas.

Na terceira sessão, Carla relatou ter ficado extremamente zangada e ansiosa em relação ao seu trabalho na faculdade. A raiva, disse ela, era porque "Eu tenho de mostrar essa imagem de mim porque é só isso que interessa aos professores". Sob um questionamento mais detalhado, ela mencionou que, durante toda a sua vida, mostrara essa imagem de si – ser o que os outros queriam que ela fosse, não o que ela sentia ser. Quando foi perguntado o que ela gostaria de ser se fosse apenas ela mesma, Carla respondeu que não sabia e não conseguia descobrir, pois ficava tentando ser o que os outros queriam que ela fosse. Essa discussão dos problemas atuais, especificamente a imagem que sentia ter de "usar" na faculdade, confirmou os esquemas de Subjugação e Aprovação/Reconhecimento.

Lembranças do Passado. A terceira técnica para eliciar esquemas é convidar o paciente a falar sobre lembranças e experiências perturbadoras do passado. Recordar experiências da infância inicial, muitas vezes, por meio de imagens, gera um alto nível de afeto. Presumimos que tais experiências servem para iniciar o esquema. Também pedimos ao paciente que complete o Young Parenting Inventory (YPI; Young, 1994), um formulário que envolve avaliar a mãe e o pai em comportamentos que hipotetizamos serem as origens mais comuns de cada um dos esquemas. Discutir com o paciente os itens do YPI com escores elevados pode ser outro caminho para explorarmos as origens infantis dos esquemas.

Na quarta sessão, o terapeuta perguntou à Carla se ela gostaria de falar sobre os pais, e como enfrentara a pressão quando mais jovem. Ela disse que os pais sempre haviam tomado as decisões por ela. Quando começou a falar sobre sua rotina quando jovem, ficou muito agitada. Lembrou-se de que, aos 12 anos, passava nove horas por dia fazendo deveres de casa. Ela tinha tanto medo de não passar na sétima série que não conseguia ter uma vida própria. Também mencionou que, durante a adolescência, teve medo de crescer diante da mãe porque fora muito doloroso ver o irmão adolescente brigar com sua mãe. Ela disse: "Eu queria proteger a minha mãe". Essa discussão do passado confirmou os esquemas de Subjugação e Auto-Sacrifício, e também os esquemas de Caráter Punitivo e Padrões Inflexíveis/Crítica Exagerada.

Relacionamento Terapêutico. Outra estratégia para ativar esquemas é discutir o relacionamento terapêutico – o que os analistas chamam de transferência. Na terapia focada em esquemas, o terapeuta presta muita atenção ao relacionamento terapêutico, procurando acontecimentos que parecem desencadear esquemas durante a sessão. Quando surgem esses acontecimentos, o terapeuta discute os aspectos do relacionamento terapêutico que são difíceis para o paciente.

Durante o segundo, terceiro e quarto meses de terapia com Carla, muito tempo foi dedicado à discussão do relacionamento terapêutico. Desde a sexta sessão, Carla dizia ter medo de ficar dependente do terapeuta e não conseguir separar-se. Ela também disse que queria ter alguém que estivesse lá para ela, mas que temia que ele a deixasse. Carla recebeu então, como tema de casa, a tarefa de escrever mais sobre esses pensamentos. Aqui estão alguns excertos:

> Grande parte do tempo, eu sinto medo de você – do que você vai pensar, do que vai me perguntar. Rezo o tempo todo para que alguém me compreenda realmente e compreenda o que eu sinto – especialmente porque eu não compreendo – e que nunca me deixe sozinha. Mas eu estou sempre sozinha...
> Dói tanto querer alguém que se importe, porque isto nunca se concretiza. Eu me sinto, a maior parte do tempo, uma chata e de vez em quando, uma conveniência... Eu não quero ficar sozinha.

Essas discussões sobre o relacionamento terapêutico também confirmaram os esquemas de Carla de Abandono/Instabilidade, Privação Emocional e Defectividade/Vergonha.

Livros e Filmes. Esquemas também podem ser desencadeados por livros e filmes que têm a ver com os temas em questão. Ler um livro ou ver um filme se revelaram maneiras muito boas de ativar um esquema, que então pode ser discutido na sessão seguinte.

Durante o curso da terapia de Carla, o terapeuta propôs vários livros e filmes, incluindo *Drama of the Gifted Child*, de Alice Miller (1981), *Desert Bloom* (Corr, 1986) e *Separation*, de John Bowlby (1973). *Drama of the Gifted Child* foi escolhido porque trata de uma criança que subjuga as próprias necessidades para agradar a um dos pais; *Separation*, porque trata especificamente do tema de abandono; e *Desert Bloom*, porque apresenta uma menina semelhante à Carla. Carla descreveu *Desert Bloom*: "A criança se esforçava tanto para agradar, e a mãe simplesmente não a compreendia. Ela era excluída da família e tentava tanto manter a paz". Carla disse que fervia de raiva e hostilidade quando acabou de assistir ao filme. Relatou emoções igualmente poderosas aos filmes *Drama of the Gifted Child* e *Separation*.

Terapia de Grupo. A terapia de grupo é um fórum excelente para desencadear esquemas de natureza interpessoal. O terapeuta conseguiu que Carla ingressasse em um grupo especificamente focado em intimidade e relacionamentos interpessoais. Os outros membros do grupo estavam lidando com questões semelhantes de fracasso, abandono e subjugação. Toda semana, Carla e o terapeuta revisavam brevemente o que acontecera no grupo naquela semana, com especial ênfase nos momentos – ou temas-chave – que tinham desencadeado nela fortes emoções.

Durante a primeira sessão de grupo, Carla ficou completamente imobilizada, em pânico e não conseguiu falar nada. Disse que sentia vergonha de si mesma, que tinha medo de perder o controle de seus sentimentos e de ser atacada pelo grupo. Ela disse: "Ninguém consegue me agüentar".

Em uma sessão de grupo posterior, Carla ficou extremamente perturbada quando um dos membros falou que, quando criança, foi forçado pelos pais a fazer coisas que não queria. Ela comentou com o terapeuta que "a única maneira de manter contato é viver da maneira deles". Essa sessão deu início a uma semana inteira em que foi desencadeado o esquema acerca de sua família controlá-la e obrigá-la a fazer coisas à sua maneira (deles). Ela sentiu raiva e medo constantes. Essas experiências em grupo também confirmaram a importância dos esquemas de Subjugação e Defectividade/Vergonha.

Sonhos. Os sonhos são outra técnica útil para eliciar esquemas. Em uma sessão inicial, Carla relatou ter pesadelos repetidos. Todas as noites, sonhava que sua mãe estava deixando-a em uma casa desconhecida, e que estava furiosa porque ela não tinha limpado direito a sujeira. Sonhos como esse validam os esquemas de Abandono/Instabilidade, Caráter Punitivo e Padrões Inflexíveis/Crítica Exagerada.

Tarefas de Casa. A estratégia final para desencadear esquemas é pedir aos pacientes que façam tarefas de casa em que devem escrever sobre um assunto específico relacionado ao esquema ou mantenham um Diário de Esquema (Young, 1993).

Durante o terceiro mês de terapia, o terapeuta pediu à Carla que mantivesse um Diário de Esquema e nele escrevesse seus pensamentos e sentimentos sempre que ficasse especialmente perturbada. Em uma certa semana, ela relatou estar em pânico e nervosa, com medo de perder o controle de tudo. Ela escreveu o seguinte:

> Eu só quero ser uma boa pessoa. Quero ser capaz de amar e de ser amada e não quero que isso me seja tirado ou que eu tenha de desistir disso. Estou sempre cometendo erros, magoando aqueles que mais se importam comigo.
> Eu simplesmente não sou tão boa quanto as outras pessoas. Todos estão muito desapontados e zangados comigo, e eu também estou. Sei que algumas dessas pessoas também me odeiam, e gostariam de me ver fora do seu caminho. Quero alguém para me abraçar, mas nunca há ninguém. E mesmo que houvesse alguém, eu não iria querer incomodá-lo.

Nesse excerto do diário, Carla transmite pungentemente os esquemas relacionados à Defectividade/Vergonha, Abandono/Instabilidade, Auto-Sacrifício, Privação Emocional e Caráter Punitivo.

Confrontando a Evitação do Esquema

A maioria dos pacientes com transtornos de personalidade evidencia algum grau de evitação de esquemas. Essa evitação do esquema quase sempre é a maneira de o paciente fugir da grande intensidade emocional e do sofrimento experienciados quando irrompe um esquema. É importante ser capaz de reconhecer quando o paciente está tendo um sintoma que faz parte de um esquema e quando ele está experienciando um sintoma que é primariamente a evitação de um esquema.

Duas características, observadas no paciente, parecem diferenciar a evitação do esquema do esquema em si. Experienciar sintomas ou emoções, mas não conseguir identificar o conteúdo relacionado a eles, é típico da evitação do esquema. No caso de Carla, ela, freqüentemente, se sentia ansiosa, triste ou zangada, no entanto, não conseguia relatar ao que se relacionavam esses sentimentos.

Outra característica identificadora da evitação do esquema é a presença de sintomas somáticos como vertigem, tontura, febre, despersonalização e amortecimento, em vez das emoções "primárias" como raiva, medo, tristeza ou culpa. Sintomas somáticos vagos, muitas vezes, indicam evitação do esquema.

No caso de Carla, o terapeuta observou que, assim que eles começavam a discutir questões de abandono, ela relatava estar sentindo-se tonta ou com frio. Às vezes, ela se despersonalizava e não conseguia continuar com a sessão.

Esse foi um problema especial do terceiro mês da terapia. Carla, em certos momentos ficava imobilizada e não conseguia falar por uns 20 minutos, porque o assunto tratado era doloroso demais para ela focalizá-lo. Durante esses longos períodos de silêncio, ela não sabia o que estava pensando, despersonalizava-se, ou sentia-se tonta e com frio e queria escapar da sessão.

Esses sintomas são todos indicadores de evitação do esquema. Ao examinar os temas que estavam sendo discutidos quando começou a evitação do esquema, pode-se deduzir as áreas em que, provavelmente, encontraremos os esquemas nucleares.

Quando o terapeuta percebe que está ocorrendo a evitação do esquema, é essencial exortar o paciente a confrontar os pensamentos, as imagens e as emoções relacionados ao esquema e a não fugir deles. (Isso talvez nem sempre seja possível com pacientes mais frágeis, com pior funcionamento.) Isso pode ser conseguido discutindo-se com o paciente os prós e os contras de se examinar essas questões perturbadoras.

Com Carla, sempre que ela começava a sentir-se fria, despersonalizada ou tonta, o terapeuta lhe perguntava em que estava pensando logo antes de despersonalizar-se. Quando ela dizia que não recordava, ele a lembrava do que eles estavam falando e insistia para que ela começasse a falar sobre aquele assunto novamente. Ele também a estimulava a focalizar uma imagem que sabia, por experiências prévias, que seria capaz de desencadear novamente o esquema. Quando Carla expressou o desejo de escapar, o terapeuta disse que fugir só prolongaria o processo e não permitiria que examinassem as questões que eram tão importantes para ela.

Depois de repetidos estímulos e confrontações por parte do terapeuta, o paciente pode conseguir focalizar novamente o esquema e recomeçar a discutir os conteúdos ligados ao esquema. O terapeuta precisa ajudar o paciente a ver que a dor a curto prazo de experienciar o esquema será compensada pelos benefícios mais a longo prazo de reconhecer o esquema e trabalhar para modificá-lo.

Seis meses depois do início da terapia de Carla, a maior parte do material relacionado aos seus esquemas, incluindo antigas lembranças e questões vinculadas ao relacionamento terapêutico, havia sido discutida e vivenciada. Muitos dos sintomas somáticos desapareceram completamente. Especificamente, desapareceram a tontura, a vertigem, o frio, a febre, a despersonalização e o amortecimento. Suas emoções primárias – medo, raiva, tristeza e culpa – permaneceram. Agora, ela era capaz de identificar os acontecimentos do passado e do presente que desencadeavam tais sentimentos e de perceber como sua interpretação dos acontecimentos do passado e do presente estavam relacionados a essas emoções.

Identificando Comportamentos Provocados pelo Esquema

O sexto passo na identificação dos esquemas é reconhecer os comportamentos provocados pelo esquema. Conforme mencionado anteriormente neste guia, uma das razões que tornam os esquemas iniciais tão desadaptativos é que o paciente desenvolve padrões de comportamento autoderrotistas que reforçam os esquemas. Tais comportamentos provocados pelo esquema são os processos pelos quais os pacientes aprendem a lidar com seu ambiente e se adaptam a ele, com base nas autopercepções geradas pelos esquemas. Todo comportamento provocado pelo esquema pode ser classificado como manutenção, evitação ou compensação do esquema, dependendo de sua função.

Esses comportamentos simultaneamente mantêm o esquema intacto, permitem ao paciente evitar a ativação do esquema e funcionar no mundo com a mínima perturbação possível. Os comportamentos que são provocados por esquemas, portanto, mantêm o paciente em um equilíbrio desconfortável. Nesse sentido, eles são semelhantes ao conceito de neurose: são respostas parcialmente reforçadas.

Do lado positivo, o paciente evita o afeto doloroso associado ao esquema e, em geral, consegue funcionar adequadamente no mundo. Do lado negativo, o esquema em si não muda nada, de modo que o paciente está sempre vulnerável a acontecimentos que ameaçam romper o equilíbrio desconfortável entre enfrentar e não enfrentar. Além disso, esses comportamentos geralmente envolvem a evitação de aspectos importantes da vida, como relacionamentos íntimos ou uma carreira desafiadora.

Identificar comportamentos provocados por esquemas requer uma cuidadosa análise dos comportamentos do paciente em áreas problemáticas específicas. Depois de confirmados esses comportamentos que são provocados por esquemas, o terapeuta apresenta-os ao paciente e obtém um *feedback*.

Carla lidava com os relacionamentos românticos ou evitando-os completamente, ou terminando-os assim que começavam a ficar íntimos. Ela desenvolveu esse comportamento como uma maneira de lidar com os esquemas de Defectividade/Vergonha e Abandono/Instabilidade. Carla estava tão convencida de não ser desejável e de que os parceiros dos quais se aproximasse a deixariam tão logo passassem a conhecê-la, que não via nenhuma razão para buscar um relacionamento e enfrentar um abandono certo.

A Tabela 2.1 (p. 41) ilustra as áreas de problemas de Carla, seus esquemas relevantes e comportamentos provocados pelos esquemas. É importante observar que mais de um esquema pode ser associado a cada área de vida. Além disso, um esquema pode ser ativado em uma área de vida por um determinado paciente e não ser ativado em outras esferas problemáticas.

TABELA 2.1 EXEMPLO DE CASO ILUSTRANDO A RELAÇÃO ENTRE ÁREAS DE PROBLEMA, ESQUEMAS E COMPORTAMENTOS PROVOCADOS PELO ESQUEMA

ÁREAS DE PROBLEMA	ESQUEMAS	COMPORTAMENTOS PROVOCADOS PELO ESQUEMA
Relacionamentos Românticos	Abandono/Instabilidade Defectividade/Vergonha	Evita os homens a maior parte do tempo. Termina os relacionamentos assim que começa a sentir-se próxima. (Evitação do esquema)
Desempenho Escolar	Subjugação Padrões Inflexíveis/ Crítica Exagerada	Estuda constantemente. Não tem tempo para o prazer. Faz tudo o que os professores esperam. (Manutenção do esquema)
Relacionamentos Familiares	Todos os Esquemas dela	Tenta continuamente atender às expectativas dos pais. Suprime as próprias emoções e necessidades. (Manutenção do esquema)
Relacionamento na Terapia	Abandono/Instabilidade Privação Emocional Defectividade/Vergonha. Subjugação (das Emoções)	Tenta constantemente agradar ao terapeuta. Agradece exageradamente ao terapeuta. Pede desculpa por não ser uma boa paciente. Mantém a cabeça baixa durante as sessões. Tenta suprimir a raiva e o choro durante as sessões. Preocupa-se de forma excessiva com a possibilidade de o terapeuta abandoná-la, especialmente quando ele sai em férias. (Manutenção do esquema)

Conceituando o Paciente em Termos do Esquema

Os passos sete e oito envolvem conceituar o paciente em termos do esquema. Primeiro, o terapeuta precisa vincular os materiais obtidos pelos procedimentos já descritos e então demonstrar a conexão entre esquemas, emoções, acontecimentos atuais desencadeantes, relacionamento terapêutico e origens do passado.

Depois que o terapeuta conseguiu identificar esses esquemas e ver como eles se manifestam no passado e no presente, ele resume estas conclusões para o paciente e pede um *feedback*. Esses esquemas são então "afinados" até que terapeuta e paciente concordem que a formulação está acurada. A Tabela 2.2 (p. 43) descreve os esquemas, conforme o terapeuta os resumiu para Carla, depois de obter dela um *feedback*.

O passo final é o terapeuta distinguir os esquemas primários, secundários e vinculados. Para fazer isso, ele precisa compreender como todos os esquemas relevantes se inter-relacionam.

O primeiro objetivo do terapeuta é identificar o esquema (ou os dois esquemas) nuclear ou primário, pois eles, muitas vezes, servem como os alvos iniciais dos procedimentos de mudança descritos na próxima seção. Esses esquemas nucleares podem ser isolados, prestando-se muita atenção aos acontecimentos que desencadeiam altos níveis de afeto, aos problemas de vida mais sérios e persistentes e às origens do sofrimento emocional do paciente.

Os esquemas primários são identificados por meio de três critérios: o primeiro é que um esquema primário normalmente desencadeia o mais alto nível de emoção. O segundo é que um esquema primário está quase sempre estreitamente ligado aos problemas de vida mais perturbadores, amplos e persistentes vivenciados pelo paciente. Terceiro, os esquemas nucleares estão ligados aos problemas desenvolvimentais mais sérios do paciente com os pais, irmãos ou amigos durante os primeiros anos de vida.

Depois de identificar os esquemas primários, o terapeuta procura outros esquemas que estejam *vinculados* a cada esquema primário. Um esquema vinculado é aquele que pode ser melhor explicado por referência a um esquema primário. Por exemplo, no caso de Carla, o esquema de Subjugação estava ligado ao esquema de Abandono: se ela deixasse de atender aos desejos dos outros, tinha certeza de que eles se afastariam ou a deixariam.

A seguir, depois de delinear os esquemas primários e vinculados, o terapeuta identifica os esquemas secundários. Esses esquemas são relativamente independentes dos esquemas primários e parecem ter menor prioridade e saliência. Os esquemas secundários viram alvos de mudança posteriormente no processo de tratamento.

A Tabela 2.3 (p. 44) ilustra a diferenciação de esquemas primários, secundários e vinculados no caso de Carla.

TABELA 2.2 EXEMPLO DE CASO ILUSTRANDO A RELAÇÃO ENTRE ESQUEMAS, EMOÇÕES, DESENCADEANTES E ORIGENS

	ESQUEMAS	EMOÇÕES	DESENCADEANTES ATUAIS	DESENCADEANTES NO RELACIONAMENTO TERAPÊUTICO	ORIGEM DOS ESQUEMAS (HIPOTETIZADA)
1.	Subjugação	Raiva	Ter de se adaptar à faculdade de direito. Ter de seguir o conselho dos pais sobre questões financeiras.	Sempre se submete ao terapeuta.	Os pais ficavam muito zangados sempre que ela reivindicava as próprias necessidades. A paciente observava os pais brigando com o irmão quando este tentava ser independente.
2.	Auto-sacrifício Caráter Punitivo	Culpa	Não estar em casa para cuidar dos pais. Usar o dinheiro dos pais para a terapia. Criticar os pais na sessão.	Medo de estar desperdiçando o tempo do terapeuta. Chorar incontrolavelmente nas sessões (sempre que não consegue responder às perguntas do terapeuta).	Castigada pelos pais sempre que cometia erros ou chorava.
3.	Padrões Inflexíveis	Ansiedade Raiva de si mesma	Medo de não se esforçar o suficiente na faculdade. Buscar continuamente a excelência.	Medo de não estar melhorando com a rapidez necessária ou de não ser uma paciente boa o suficiente.	Os pais estabeleciam padrões impossivelmente elevados e se zangavam quando ela não os atingia.
4.	Abandono/ Instabilidade Privação Emocional	Solitária/Triste Apavorada	Passar prolongados períodos de tempo sozinha.	O final de cada sessão de terapia. O terapeuta sair em férias.	Os pais a deixavam sozinha com babás durante o período de bebê e infância. A mãe se afastava e não falava com ela quando ela chorava ou fazia algo errado.
5.	Defectividade/ Vergonha	Vergonha Desesperança	Pensar em sair com um homem ou ir a uma festa.	Manter a cabeça baixa para que o terapeuta não veja seu "rosto feio".	A mãe a criticava por sua aparência, especialmente por seus problemas de peso.

Terapia cognitiva para transtornos da personalidade

TABELA 2.3 ILUSTRAÇÃO DE CASO DE ESQUEMAS PRIMÁRIOS, SECUNDÁRIOS E VINCULADOS

ESQUEMAS	CLASSIFICAÇÃO DO ESQUEMA	EXPLICAÇÃO
1. Abandono/ Instabilidade	Primário	Os pais a deixavam sozinha com tanta freqüência, quando bebê, que ela nunca desenvolveu um senso estável de apego.
2. Subjugação Auto-sacrifício	Primário Vinculado ao Abandono	A paciente era levada a se sentir culpada e má quando afirmava as próprias necessidades. Os pais se afastavam e a deixavam sozinha quando ela não obedecia.
3. Defectividade/ Vergonha	Primário Vinculado ao Abandono	A paciente era levada a sentir vergonha de sua aparência pelas críticas constantes da mãe. Isso mais tarde a levou ao sentimento de não ser atraente nem desejável para os homens e ao medo de que eles a deixassem.
4. Privação Emocional	Primário	A ausência de carinho e empatia contribuiu para os sentimentos de privação.
5. Padrões Inflexíveis Caráter Punitivo	Secundário	Tinha de atingir os elevados padrões de realização impostos pelos pais. A paciente era levada a sentir-se um fracasso se fosse menos que perfeita. A paciente e o irmão eram punidos por serem maus, mesmo quando cometiam apenas erros insignificantes.

3
Terapia Focada em Esquemas: Estratégias de Mudança

INTRODUÇÃO

Nesta seção final, apresentaremos os quatro tipos de intervenção mais importantes: cognitiva, experiencial, interpessoal e comportamental. As técnicas cognitivas são muito utilizadas principalmente para sistematizar o processo de mudança do esquema. São ensinadas aos pacientes técnicas cognitivas que lhes permitem lutar contra os esquemas sempre que eles surgirem fora da sessão. Eles aprendem a combater suas crenças emocionais persistentemente com argumentos racionais. Também aprendem como os esquemas distorcem as informações e, portanto, aumentam a força das crenças, que de outra forma pareceriam ilógicas.

Logo depois, normalmente são enfatizadas as técnicas experienciais para "afrouxar" os esquemas e torná-los mais flexíveis para a mudança. Após o trabalho cognitivo e experiencial, a terapia focaliza a mudança comportamental. Esta, de modo geral, é a fase mais longa, pois envolve mudança de padrões comportamentais duradouros, autoderrotistas, que se tornaram profundamente estabelecidos. Muitas vezes, é mais fácil alterar emoções e crenças do que mudar esses comportamentos, tais como padrões de escolha do companheiro ou de intimidade.

As técnicas interpessoais são enfatizadas durante todo o tratamento com pacientes que apresentam seus esquemas no relacionamento terapêutico ("transferência"). Isso é especialmente importante no caso dos pacientes com esquemas nucleares no domínio da Desconexão e Rejeição, incluindo Privação Emocional, Abandono/Instabilidade e Desconfiança/Abuso.

Independentemente da fase de tratamento que o paciente está atravessando, julgamos essencial que os esquemas sejam contestados *no momento em que são acionados*, isto é, quando é ativada no paciente uma excitação afetiva relevante para o esquema. Mesmo durante a fase cognitiva, discutir os esquemas abstrata ou intelectualmente quase nunca é tão poderoso quanto questioná-los na presença do afeto.

Por exemplo, se um determinado paciente tem um esquema de Abandono, o terapeuta, provavelmente, vai progredir mais naquele problema durante uma sessão imediatamente anterior às suas férias do que em qualquer outro momento. Logo antes das férias do terapeuta, é mais provável que o paciente esteja zangado, ansioso ou deprimido na sessão. O esquema provavelmente será ativado e assim estará mais acessível.

O restante do livro será dedicado ao exame dos quatro tipos de intervenção, empregando mais uma vez o caso de Carla como ilustração.

TÉCNICAS COGNITIVAS

Muitas das técnicas retiradas da terapia cognitiva de curto prazo podem ser adaptadas ao trabalho com os esquemas. Dedicaremos bastante tempo a essas estratégias para enfatizar o valor das técnicas cognitivas na modificação de estruturas mais profundas.

Revisar as Evidências que Apóiam os Esquemas

Antes de tentar mudar um esquema, é muito importante eliciar todas as informações que o paciente utiliza para comprová-lo. Os pacientes têm uma vida inteira de evidências para citar em apoio à validade de seus esquemas. Para eliciar essas evidências, o terapeuta primeiro faz um exame da vida do paciente. Ele revisa as origens do esquema na infância, evocando todas as lembranças do paciente que poderiam ser relevantes para o esquema. Em seguida, o terapeuta vai determinando como o esquema se desenvolveu e como foi reforçado na adolescência e na idade adulta.

O terapeuta também pode pedir ao paciente que faça o papel de "advogado do diabo" e defenda o esquema. Ele introduz essa técnica dizendo: "Quero que você defenda o esquema enquanto eu tento lhe mostrar por que penso que o esquema não é verdade. Faça a melhor defesa possível do esquema e me dê vários exemplos que o validem".

Voltando ao nosso caso ilustrativo: o terapeuta pediu à Carla que defendesse seus esquemas de Abandono/Instabilidade e Defectividade/Vergonha. Ela deu a ele três argumentos básicos que apoiavam sua condição de não ser digna de amor: primeiro, seus pais e seu irmão estavam constantemente zangados com ela e a criticavam muito quando criança; portanto, ela certamente não era digna de amor. Segundo, ela fora rejeitada por três namorados. Finalmente, ela ficava sozinha grande parte do tempo. No estágio seguinte de mudança do esquema, o terapeuta começa a lançar dúvidas sobre essas evidências.

Examinar Criticamente as Evidências Comprobatórias

A meta nesse estágio é examinar cada evidência que o paciente oferece para comprovar o esquema e tentar descobrir outras maneiras de ver a mesma informação para que ela não seja realmente considerada uma prova do esquema. Um método é empregar o empirismo colaborativo ou a descoberta orientada para ajudar os pacientes a verem por si mesmos que o esquema não é válido. Em outros momentos, o terapeuta terá de adotar um estilo de maior confrontação, dependendo da força dos processos de manutenção do esquema.

Ao trabalhar com esquemas iniciais, o terapeuta adota um estilo que chamamos de "confrontação empática" ou "testagem empática da realidade". O terapeuta tenta continuamente encontrar um equilíbrio entre empatizar com o paciente pela dor trazida pelo esquema e confrontá-lo com as evidências que contradizem o esquema. Se o terapeuta confrontá-lo demasiadamente, o paciente vai ignorar os contra-argumentos apresentados, dizendo que o terapeuta não compreende realmente como ele se sente.

Um método para invalidar as evidências é *considerar as experiências familiares iniciais como refletindo as expectativas e os padrões desadaptativos dos pais do paciente*. Enfatizamos que esses padrões parentais não se generalizam para os professores, chefes, amigos e assim por diante, fora de casa. Outras evidências familiares podem ser desconsideradas, mostrando-se o desajustamento psicológico de cada um dos progenitores, do casal ou do sistema familiar. O terapeuta enfatiza que os filhos, muitas vezes, recebem papéis na família que não fazem parte dos interesses das crianças, mas podem atender a uma necessidade psicológica de um ou ambos os pais. Esses papéis não refletem qualquer falha inerente dos filhos – eles são o resultado da dinâmica familiar distorcida. O terapeuta pode examinar cada membro da família individualmente, com a ajuda do paciente, até que este chegue a uma perspectiva mais realista de sua vida familiar inicial. No final desse processo, o terapeuta espera que o paciente sinta tristeza ou raiva pelo que lhe aconteceu na infância, mas que não veja essas experiências iniciais como prova de alguma falha, incompetência, maldade ou falta de amabilidade (ser digno de ser amado) inerentes.

No caso de Carla, ela e o terapeuta concluíram, depois de examinar cada um dos membros da família, que a família inteira estava vivendo uma mentira. A seguir estão algumas das conclusões específicas atingidas por eles a respeito dos membros da família.

A mãe de Carla estava negando a necessidade que tinha das pessoas. Ela não conseguia expressar sentimentos positivos, nem mesmo com o marido. Ela valorizava mais a carreira do que os filhos. Era fria com todas as pessoas, não só com a filha. Era perfeccionista e considerava os filhos um problema que interferia na sua carreira. Carla concluiu que a mãe não a escolhera como um alvo especial para sua frieza e suas críticas, porque, na verdade, tratava o marido e o filho da mesma maneira.

O pai, concluiu ela, não tinha suas necessidades atendidas pela mãe e voltava-se inadequadamente para a filha em busca dessa satisfação. Ele então ficava zangado quando a filha não lhe dedicava suficiente apoio e afeição. Suas exigências estavam interferindo com a necessidade dela de individuar-se. Como a mãe, o pai era perfeccionista. Ele tinha um temperamento terrível e, às vezes, explodia com ambos os filhos. Carla concluiu que estava errada em acreditar que o pai fazia exigências realistas e que ela é que era inadequada e não conseguia satisfazê-las. Ela pôde compreender que o pai estava tentando satisfazer as próprias necessidades, inapropriadamente, por meio dela.

O terapeuta organizou uma sessão conjunta com a paciente e seu irmão. O irmão confirmou que ficava ressentido com Carla porque, mesmo quando adolescente, tinha de cuidar dela, a pedido dos pais, que nunca estavam em casa. Carla reconheceu que não era sua a culpa de o irmão vê-la como uma amolação. O problema era que os pais faziam exigências pouco razoáveis a ele, o que a incluía. Ela passou a ser o bode expiatório para a frustração do irmão por ele não poder passar mais tempo com os amigos.

Uma segunda estratégia para desacreditar as evidências é demonstrar ao paciente que, devido aos seus comportamentos ativados pelo esquema, ele, na verdade, nunca testou o esquema com imparcialidade. Lembrem que os comportamentos desencadeados pelo esquema visam a manter intacto o dito esquema enquanto ajudam o paciente a evitar situações que poderiam acioná-lo.

O segundo argumento de Carla para provar que não era digna de ser amada foi a rejeição por parte de três namorados. Para refutar essa evidência, ela e o terapeuta tiveram de examinar os três relacionamentos com grande cuidado. Eles logo conseguiram identificar seu padrão de manutenção e evitação do esquema: em todos os casos, ela escolhera um namorado não-disponível, que estava prestes a ir embora. Da primeira vez, escolhera um homem que estava visitando a cidade e só ficaria lá durante o inverno; a segunda vez, foi com um homem que conhecera em uma viagem ao exterior, e logo depois voltou para a América; e, no terceiro caso, o rapaz era um aluno estrangeiro que logo voltaria para a Dinamarca. Além disso, com cada um desses homens, era ela que se distanciava sempre que eles tentavam chegar mais perto. Assim, mesmo que o homem acabasse sendo aquele que partia, era ela quem iniciava o afastamento. Carla e o terapeuta concordaram que o esquema nunca fora realmente testado, pois ela lançara mão de várias manobras para não se envolver inteiramente e comprometer-se com relacionamentos que poderiam acionar o esquema.

Por meio desse processo, o terapeuta examina cuidadosamente as evidências comprobatórias do paciente, mostrando como os pacientes interpretaram erroneamente situações passadas, de modo a confirmar repetidamente o esquema. No final desse estágio de mudança de esquema, o paciente começa a se distanciar dos seus esquemas e a se perguntar se o esquema não será um mito desastroso que ele está perpetuando. No entanto, o esquema ainda é mais forte do que as evidências refutadoras que estão apenas começando a se acumular.

Revisar as Evidências que Contradizem o Esquema

A essa altura, o terapeuta e o paciente desconfirmaram as informações *negativas* que o paciente utilizava para provar o esquema. Agora, o terapeuta tem de estabelecer todas as informações *positivas* sobre o paciente que irão contradizer o esquema diretamente. No caso de Carla, isso incluía evidências de que ela era uma pessoa capaz, as formas pelas quais assumia responsabilidades, as áreas de competência e sucesso e os exemplos de amizades mutuamente satisfatórias em que ela era valorizada por ser ela mesma. Não se deve esquecer que eliciar essas informações positivas pode ser bem mais difícil do que eliciar as negativas. O esquecimento seletivo das informações positivas é parte dos processos de manutenção do esquema que estão operando continuamente no paciente.

Ilustrar como o Paciente Descarta as Evidências Contraditórias

É uma premissa básica da teoria do esquema que o paciente vai descartar ativamente as evidências que contradizem o esquema. Esse descartar é parte do processo de manutenção do esquema. Nessa fase de mudança do esquema, o terapeuta precisa demonstrar para o paciente como funciona esse mecanismo.

Uma técnica excelente é a de Apontar-Contrapor ou de Ponto-Contraponto (P-CP), que pode ser praticada em voz alta na sessão ou como tarefa de casa. (A técnica de "advogado do diabo", mencionada anteriormente, é uma variação do Ponto-Contraponto.) O terapeuta introduz o P-CP pedindo ao paciente que represente o papel do esquema. O terapeuta assume o papel da parte sadia. Eles debatem, com o terapeuta colocando um aspecto favorável do paciente; então, o paciente descarta isso de acordo com o esquema; a seguir, o terapeuta responde a esse descarte; e assim por diante. Depois, eles trocam de papel: o terapeuta representa o papel do esquema do paciente e o paciente representa a parte sadia. Quando o P-CP é empregado como tarefa de casa, o paciente desempenha ambos os papéis: o esquema e o ponto de vista adaptativo.

Ao usar essa técnica, logo fica óbvio que o paciente não tem nenhuma dificuldade em representar o papel do esquema. Isso é compreensível, pois o esquema representa as crenças nucleares que o paciente teve por toda a vida. Ele pode ver quão habilmente pode ser descartada qualquer evidência positiva contrária ao esquema. Entretanto, quando lhe é solicitado a representar o papel do ponto de vista sadio, adaptativo, geralmente fica empacado. Muitas vezes, ele nem consegue repetir o que o terapeuta disse há dois minutos para contradizer o esquema.

Essa discrepância entre a facilidade que o paciente tem para representar o esquema e a sua imensa dificuldade em responder racionalmente ao esquema costumam ser uma poderosa lição. O paciente agora vê como o esquema lutará ferozmente para se manter, mesmo quando as evidências contrárias forem esmagadoras. Ao repetir esse exercício, sessão após sessão e por meio das tarefas de casa, o paciente vai lutando cada vez melhor contra o esquema. Ele observa como o esquema nega as informações positivas e depois aprende a reafirmar as evidências positivas por meio da razão e da lógica.

Uma variação importante dessa técnica é fazer com que o paciente fique irritado com o esquema. Nessa variação, o terapeuta provoca o paciente, representando o papel do esquema em sua forma mais extrema, rígida. O paciente tenta lutar contra o esquema ficando irritado e recusando-se a ser derrotado. O acréscimo de emoção à técnica P-CP torna essa adaptação ainda mais efetiva. Irritar-se com o esquema parece criar uma distância ainda maior entre a parte sadia do paciente e o esquema desadaptativo.

Abaixo está um exemplo de uma tarefa de casa de Carla. O terapeuta sugeriu que ela baseasse a tarefa no *feedback* positivo que vinha recebendo em seu trabalho com crianças.

- +: Sou muito amorosa e generosa quando me sinto segura.
- −: Mas só sou assim porque preciso das pessoas.
- +: Pode ser verdade que eu preciso das pessoas, mas essa certamente não é a única razão de eu ser amorosa. Eu empatizo sinceramente com as pessoas e não quero magoá-las.
- −: Mas, de alguma maneira, eu acabo magoando as pessoas.
- +: Eu não as magôo, elas se magoam. E não são todos os que se envolvem comigo que acabam magoados, só a minha família. Eles eram muito complicados. Eu era seu bode expiatório quando as coisas davam errado.

Carla pega as evidências positivas e as descarta, mas depois tenta reafirmar as evidências positivas contrapondo-se à sua negação do positivo. Esse processo vai de um lado para outro até ela conseguir acabar o exercício com uma afirmação positiva.

A seguir, temos outro exemplo de P-CP relacionado aos esquemas de Carla de Abandono/Instabilidade, Privação Emocional e Defectividade/Vergonha:

- −: Eu me sinto afastada das pessoas, me sinto só.
- +: Mas eu não me sinto só quando estou no trabalho. Nos últimos três meses, conheci pessoas que foram receptivas. Sei que a equipe gosta realmente de mim, se importa comigo e está feliz por me ter lá.
- −: Mas eu me sinto só quando estou fora do trabalho.
- +: Construir amizades leva tempo. Vai levar tempo até eu me sentir segura novamente com um grupo novo de pessoas. Eu já fiz muito para mudar minha vida com a ajuda de Jeff e só tenho de ser paciente e continuar trabalhando nisso. Não posso desistir.

Mais uma vez, podemos vê-la lutando contra o esquema. A cada vez, há um esquema negativo tentando provar que ela é má e não é digna de ser amada, mas, conforme a terapia progride, também há um outro lado que, gradualmente, está ficando mais forte, uma vozinha inicialmente fraca que está tentando ver a si mesma como uma luz positiva.

Criar Cartões que Contradigam os Esquemas

Uma das técnicas mais efetivas para modificar os esquemas iniciais é a constante repetição de respostas racionais, especialmente quando o esquema estiver sendo ativado. Um dos métodos mais simples de praticar isso é criar um ou mais Cartões de Esquema (Young, D. Wattenmaker e R. Wattenmaker, 1995) para cada um dos esquemas ou acontecimentos desencadeantes mais importantes do paciente. Trata-se de um cartão simples, criado em conjunto pelo paciente e o terapeuta. Nele devem constar as evidências e os argumentos mais fortes contrários ao esquema. As evidências devem incluir vários exemplos específicos de quando o esquema foi falso. O paciente deve ser estimulado a carregar consigo os cartões onde quer que vá e a puxá-los do bolso sempre que for acionado um esquema relevante.

No seguinte cartão, Carla se opõe ao seu esquema de ser uma pessoa má e egoísta que não merece ser amada:

> Em um ambiente seguro, sou amorosa e carinhosa. Tento ser gentil e generosa com todas as pessoas, mas principalmente com as crianças. Acima de tudo, tento fazer as pessoas felizes: sou sensível às necessidades e aos desejos das pessoas e faço o que posso para respeitá-las e satisfazê-las.

Um segundo cartão responde, ao esquema de Carla, que ela não é digna de ser amada porque sua mãe foi muito fria com ela:

> Minha mãe não conseguiu me amar, nem a ninguém mais, porque ela nega a necessidade que tem dos outros. Ela tem medo de ficar dependente de alguém, de ser controlada e acabar magoada – como foi magoada quando criança... Ela e as pessoas que a amam sofrem.

Esses cartões quase sempre se mostram inestimáveis para fazer a lenta transição do entendimento intelectual para a aceitação emocional de padrões de pensamento mais adaptativos.

Contestar o Esquema Sempre que Ele For Ativado Durante a Sessão de Terapia ou Fora Dela

Um aspecto crucial da terapia focada em esquemas é a prática constante, conforme já mencionamos ao falar sobre os cartões. Todas as vezes que vemos o esquema surgindo durante a sessão, o apontamos e ajudamos o paciente a contestá-lo. Sempre que ele surgir fora da sessão, ensinamos o paciente a escrever o que aconteceu e a dar uma resposta racional ou localizar, em seu "baralho" de cartões, aquele que poderia ser relevante para o esquema.

TÉCNICAS EXPERIENCIAIS

Há várias técnicas úteis que o terapeuta pode empregar para mudar os esquemas do paciente em um nível emocional. A maioria delas vem da terapia da Gestalt, e muitas envolvem o desencadeamento dos esquemas na sessão para que aconteça uma mudança maior.

Uma dessas técnicas é *criar diálogos imaginários* com os pais do paciente. O terapeuta normalmente pede ao paciente que feche os olhos e tente criar uma imagem de seu pai e de sua mãe. Depois de obter uma breve descrição do que eles estão fazendo, o terapeuta sugere que ele dialogue com os pais, dizendo exatamente o que quer e sente. Às vezes, o paciente pode alternadamente representar o seu papel e os dos pais. Outras vezes, o terapeuta desempenha um dos papéis enquanto o paciente desempenha o outro. O terapeuta pede que o paciente fique de olhos fechados para não perder o realismo obtido com a imagem. Ao representar-se como gostaria de ter respondido aos pais, o paciente de uma forma geral, começa a modificar suas crenças a respeito de si mesmo. Ele consegue ver mais claramente o papel dos pais na perpetuação dos esquemas e, ao retrucar-lhes e se defender, o paciente, em geral, observa que seus esquemas começam a enfraquecer.

Uma segunda técnica útil é a *catarse emocional*. Os terapeutas da Gestalt com freqüência enfatizam a importância das questões emocionais não-terminadas. Pacientes crônicos em geral têm raiva e fúria não-expressas baseadas em experiências iniciais de vida. Muitas vezes, eles também têm outras questões dolorosas (como privação ou perda inicial) que nunca reconheceram e pelas quais nunca "choraram". Quando o terapeuta traz essas questões por meio de imagens, dramatização de papéis ou experiências atuais de vida e estimula o paciente a expressar ("ventilar") os sentimentos associados, os esquemas relacionados a esses sentimentos mudam.

No caso de Carla, por exemplo, havia duas áreas em que ela precisava de catarse emocional. A primeira envolvia sua raiva em relação aos pais por terem-na tratado mal e negligenciado quando era criança. O terapeuta a fez escrever uma carta aos pais, listando todas as maneiras pelas quais ela sentia que tinha sido maltratada, com exemplos específicos de cada tipo de negligência, mas pediu-lhe que não mandasse a carta antes que ele falasse com os pais. O terapeuta preparou os pais, antecipadamente, mencionando alguns assuntos que poderiam vir à tona e perguntando como eles lidariam com uma carta extremamente crítica da filha. Ambos disseram que eram capazes de lidar com isso, de modo que ele pediu à Carla que mandasse a carta.

Parecia muito importante completar esse processo de estimular Carla a "ventilar" parte de sua raiva *justificável*, a fim de que ela pudesse começar a deixá-la para trás. O terapeuta, então, organizou uma sessão familiar extremamente bem-sucedida, em que a mãe pediu desculpas e reconheceu que fora negligente de todas as maneiras específicas que Carla descreveu na carta. Carla evidenciou uma imensa melhora de humor depois dessa experiência. Depois de "ventilar" sua raiva, Carla começou a ver que realmente não era uma pessoa terrível para a família, como foi levada a acreditar.

TÉCNICAS INTERPESSOAIS

Um dos métodos mais eficazes para mudar esquemas é por meio do próprio *relacionamento terapêutico*. O terapeuta está constantemente atento a indicações de que os esquemas do paciente estão sendo ativados em relação ao terapeuta. Quando isso acontece, o terapeuta ajuda o paciente a testar a realidade de suas crenças na interação direta paciente-terapeuta. Isso, muitas vezes, envolve autorevelação por parte do terapeuta para corrigir distorções do paciente.

Durante uma sessão, Carla disse ao terapeuta que acreditava que ele a achava fisicamente repulsiva. O terapeuta usou isso como uma oportunidade de contestar seu esquema de Defectividade/Vergonha. Ele utilizou a técnica de Ponto-Contraponto (descrita antes). A maior parte da sessão foi dedicada a um diálogo em que ela contou a ele a imagem física negativa que tinha de si mesma, e ele corrigiu essa visão de como ele a via fisicamente. Em outras palavras, ela desempenhou o papel do esquema negativo enquanto o terapeuta proporcionou o ponto de vista alternativo. Depois eles trocaram de papel e ela teve de argumentar contra o esquema de que ele a achava repulsiva. No final da sessão, Carla conseguiu perceber que estava funcionando com base em um esquema inicial que a estava levando a predizer, inadequadamente, o que o terapeuta pensaria dela.

Outra estratégia interpessoal é o terapeuta *proporcionar um relacionamento terapêutico que se contraponha aos Esquemas Iniciais Desadaptativos*. Em alguns aspectos, estamos defendendo um papel "re-parental limitado" para o terapeuta. Com alguns pacientes como Carla, exortamos o terapeuta a tentar descobrir quais necessidades da criança não foram atendidas e a tentar atendê-las em um grau razoável – dentro do relacionamento terapêutico – sem violar as fronteiras do relacionamento terapeuta-paciente.

Por exemplo, se o paciente sofreu muita privação emocional, o terapeuta pode tentar, dentro de limites, ser carinhoso e cuidadoso. Conhecendo os esquemas do paciente, o terapeuta pode decidir quais aspectos do processo re-parental seriam especialmente importantes. Um paciente poderia precisar de muita autonomia, outro de disciplina, um outro de reasseguramento da sua competência; outro, ainda, poderia precisar que o terapeuta estabelecesse expectativas menos exigentes de desempenho. O processo re-parental limitado pode proporcionar um dos mecanismos mais poderosos para invalidar os esquemas do paciente.

Para Carla, foi extremamente importante ver que o terapeuta estava lá para ela de uma maneira consistente quando ela precisava dele, que ele não era punitivo nem crítico, que se importava com ela (dentro do âmbito do relacionamento terapêutico) e que gostava dela. Carla disse ao terapeuta, no sexto mês de tratamento: "Eu sei que você está lá para mim. Esta é a primeira vez em que alguém faz isso, e eu tenho medo de perder você". Ela também escreveu o seguinte cartão (uma técnica discutida com mais detalhes anteriormente), em resposta ao seu esquema de que ela seria abandonada e deixada sozinha para sempre:

> Jeff não vai me deixar. Ele vai me ajudar a encontrar alguém que vou amar, e que vai continuar me amando. Eu sou digna de ser amada. Tenho de aprender a escolher homens que possam chegar perto e se comprometer. Não ficarei sozinha para sempre. Posso tomar atitudes para ser amada.

Outra estratégia interpessoal é criar *experiências de terapia de grupo* para o paciente, proporcionando-lhe um ambiente que vai se contrapor aos esquemas e ajudar a romper padrões interpessoais autoderrotistas.

Conforme foi mencionado anteriormente, o terapeuta conseguiu que Carla participasse de uma terapia de grupo. O grupo serviu para destacar algumas das experiências positivas que ela poderia ter com outras pessoas. Um membro do grupo disse a ela que a achava muito prestativa e perceptiva. O terapeuta individual de Carla transmitiu a ela a opinião do terapeuta do grupo: ele a usava como um termômetro do grupo, pois ela era capaz de sentir o que o grupo estava sentindo. Esse *feedback* positivo representou uma evidência, contrária aos seus esquemas, à qual ela podia recorrer.

TÉCNICAS COMPORTAMENTAIS

A etapa final na mudança dos esquemas é *mudar os comportamentos provocados pelo esquema*. Isso envolve estimular o paciente a modificar padrões de comportamento de longo prazo que reforçaram os esquemas durante a maior parte da sua vida.

Por exemplo, no início do tratamento de Carla, o terapeuta identificou um comportamento de evitação do esquema que efetivamente mantinha os homens à distância. Carla escreveu o seguinte cartão para esclarecer o aspecto disfuncional desse padrão com os homens:

> Eu não me sinto digna de ser amada porque quando criança era deixada sozinha, e gritavam comigo o tempo todo. Por não me sentir digna de ser amada, evitei o contato íntimo com os homens ou escolhi homens que eu sabia que não poderiam se comprometer. Ao fazer isso, consegui confirmar continuamente o meu esquema negativo de não ser digna de amor.

O terapeuta trabalhou com Carla para que ela escolhesse homens emocionalmente disponíveis, e para que ela desenvolvesse maior capacidade de intimidade nos primeiros estágios e não se distanciasse inadequadamente.

Houve muitas outras áreas em que o terapeuta ajudou Carla a modificar seus comportamentos desadaptativos, provocados por esquemas. Ele estimulou-a a expressar raiva em relação aos pais, o que ela nunca fizera antes; a escolher uma nova carreira baseada em seus interesses, que envolvia trabalho com crianças. Isso foi extremamente importante, porque foi a primeira vez em sua vida que lhe foi permitido fazer algo que ela amava fazer e que tinha escolhido porque queria, não para agradar a alguém.

Carla começou a expressar suas emoções na sessão muito mais livremente, e seus sintomas emocionais como entorpecimento, frieza e tontura desapareceram. Logo, nas sessões, ela era capaz de chorar, zangar-se e ficar nervosa, sem achar que precisava esconder isso do terapeuta. Ela conseguia olhar para ele sem esconder o rosto. Parou de desculpar-se com ele e de lhe agradecer por sessões normais de terapia.

Dessa forma, ela aprendeu a equilibrar o trabalho com o prazer. Carla já não trabalhava mais 20 horas por dia e tinha expectativas mais realistas para si mesma na faculdade. Já não se esforçava para ser a melhor aluna da turma.

Outra estratégia para provocar uma mudança comportamental é *fazer mudanças ambientais quando necessário*. É muito importante fazer mudanças no ambiente do paciente quando o terapeuta acredita que elas podem tornar a terapia mais produtiva, ou podem dar ao paciente um "espaço para respirar" suficiente para que ele possa concentrar-se na terapia. Nós, às vezes, temos de trabalhar com o casal, não apenas com um deles. Podemos estimular um paciente a sair de casa temporariamente, a reduzir temporariamente suas responsabilidades no trabalho, a experimentar novos passatempos ou atividades atléticas, ou a iniciar novos relacionamentos e amizades.

No caso de Carla, o terapeuta recomendou algumas mudanças ambientais. Primeiro, ele estimulou-a a interromper temporariamente a faculdade, pois ela parecia instável demais para lidar simultaneamente com a terapia e com a grande pressão do trabalho na faculdade. Ele também a apoiou em seu desejo de trabalhar com crianças. O terapeuta também trabalhou muito para reforçar seu relacionamento com o irmão, enquanto simultaneamente a fez interromper todo o contato com os pais, exceto pelas sessões familiares durante as primeiras fases do tratamento. Portanto, foi necessário fazer algumas mudanças ambientais específicas, a fim de permitir que Carla aproveitasse ao máximo a terapia focada em esquemas.

Carla expressara um interesse em trabalhar com crianças no início do tratamento, mas descartara isso explicando que os pais não aprovariam e que não seria financeiramente prático. O terapeuta raciocinou que, se ela conseguisse fazer essa mudança de vida, talvez se deparasse com evidências contrárias a vários esquemas: ela não estaria subjugando suas necessidades às dos pais, seria capaz de ter sucesso em algo que valorizava, poderia criar vínculos com crianças e outros advogados, e poderia, inclusive, entender melhor como a educação dada pelos pais pode afetar a autoconfiança dos filhos.

O terapeuta sugeriu que ela procurasse um local onde pudesse trabalhar com crianças que sofriam abuso ou maus tratos. Esta se revelou uma experiência extremamente importante. Primeiro, Carla percebeu como ela tinha sucesso ao trabalhar com essas crianças, como era amorosa com as crianças e como seu amor por elas era retribuído. Segundo, ela constatou muitos paralelos com sua própria infância ao observar interações entre essas crianças e os pais. Carla pôde ver claramente que elas não eram crianças más; simplesmente, tinham pais negligentes. Tais associações provocaram uma raiva imensa em relação aos seus pais. Essa raiva aumentou sua crença de que talvez o esquema não fosse verdade, de que seus pais tinham sido injustos com ela e, de fato, a tinham tratado mal.

Conclusão

A terapia focada em esquemas difere da terapia cognitiva de curto prazo em vários aspectos:

1. Há menos descobertas orientadas e mais confrontação.
2. Há maior uso do relacionamento terapêutico como um veículo de mudança.
3. Há muito mais resistência à mudança. Portanto, a terapia é mais longa.
4. O nível de afeto é muito mais elevado nas sessões focadas no esquema.
5. O terapeuta está muito mais preocupado em identificar e superar a evitação cognitiva, afetiva e comportamental.
6. A terapia focada em esquemas dedica um tempo consideravelmente maior às origens infantis dos esquemas e a técnicas experienciais envolvendo estas questões iniciais.

Ao mesmo tempo, a abordagem focada em esquemas mantém a maioria dos elementos importantes que diferenciam a abordagem de Beck das terapias psicanalíticas mais tradicionais ou centradas no cliente.

1. O terapeuta é muito mais ativo.
2. As técnicas de mudança são bem mais sistemáticas.
3. Há uma forte ênfase nas tarefas de casa de auto-ajuda.
4. O relacionamento terapêutico é colaborativo, em vez de neutro.
5. A abordagem focada em esquemas é muito mais rápida e direta do que a psicoterapia convencional.
6. O terapeuta utiliza uma abordagem empírica, na medida em que a análise das evidências é um aspecto crítico da mudança do esquema.

A terapia focada no esquema, conseqüentemente, pode ser vista como uma extensão significativa da terapia cognitiva, integrando técnicas de outras abordagens para atender aos requerimentos terapêuticos especiais dos pacientes difíceis, com transtornos de personalidade mais antigos e dos pacientes com ansiedade ou depressão crônicas.

Apêndice A
Questionário de Esquemas de Young
(Forma Longa, Segunda Edição)*

Nome _____ Data _____

INSTRUÇÕES

São listadas abaixo afirmações que uma pessoa poderia usar para se descrever. Por favor, leia cada afirmação e decida quão bem ela descreve você. Quando não tiver certeza, baseie sua resposta no que você *sente* emocionalmente, não no que *pensa* ser verdade.

Se desejar, reescreva a afirmação para torná-la ainda mais verdadeira a seu respeito. Então, escolha a *avaliação de 1 a 6* que *melhor* a/o descreve (incluindo suas revisões) e escreva este número no espaço que antecede a afirmação.

ESCALA DE AVALIAÇÃO

1 = Inteiramente falsa
2 = Em grande parte falsa
3 = Levemente mais verdadeira do que falsa
4 = Moderadamente verdadeira
5 = Em grande parte verdadeira
6 = Descreve perfeitamente

---

*Desenvolvido por Jeffrey E. Young, PhD., e Gary Brown, MEd. © 1990 dos autores. É proibida a reprodução não-autorizada sem o consentimento escrito dos autores. Para mais informações, escreva para o Cognitive Therapy Center of New York, 120 E. 56th Street, Suite 530, New York, NY 10022, ou telefone para (212) 588-1998.

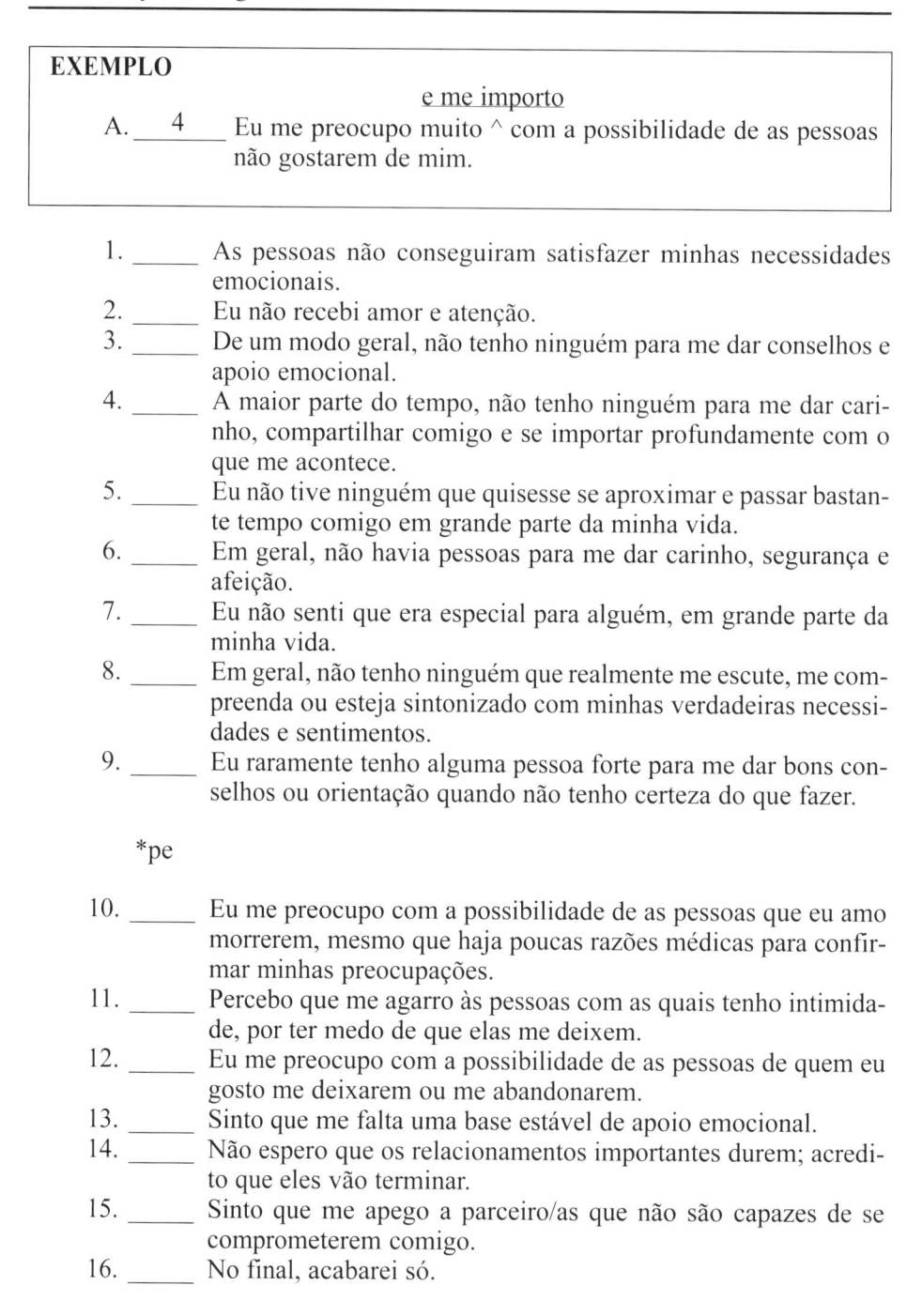

> **EXEMPLO**
>
>   e me importo
> A. __4__ Eu me preocupo muito ^ com a possibilidade de as pessoas não gostarem de mim.

1. _____ As pessoas não conseguiram satisfazer minhas necessidades emocionais.
2. _____ Eu não recebi amor e atenção.
3. _____ De um modo geral, não tenho ninguém para me dar conselhos e apoio emocional.
4. _____ A maior parte do tempo, não tenho ninguém para me dar carinho, compartilhar comigo e se importar profundamente com o que me acontece.
5. _____ Eu não tive ninguém que quisesse se aproximar e passar bastante tempo comigo em grande parte da minha vida.
6. _____ Em geral, não havia pessoas para me dar carinho, segurança e afeição.
7. _____ Eu não senti que era especial para alguém, em grande parte da minha vida.
8. _____ Em geral, não tenho ninguém que realmente me escute, me compreenda ou esteja sintonizado com minhas verdadeiras necessidades e sentimentos.
9. _____ Eu raramente tenho alguma pessoa forte para me dar bons conselhos ou orientação quando não tenho certeza do que fazer.

  *pe

10. _____ Eu me preocupo com a possibilidade de as pessoas que eu amo morrerem, mesmo que haja poucas razões médicas para confirmar minhas preocupações.
11. _____ Percebo que me agarro às pessoas com as quais tenho intimidade, por ter medo de que elas me deixem.
12. _____ Eu me preocupo com a possibilidade de as pessoas de quem eu gosto me deixarem ou me abandonarem.
13. _____ Sinto que me falta uma base estável de apoio emocional.
14. _____ Não espero que os relacionamentos importantes durem; acredito que eles vão terminar.
15. _____ Sinto que me apego a parceiro/as que não são capazes de se comprometerem comigo.
16. _____ No final, acabarei só.

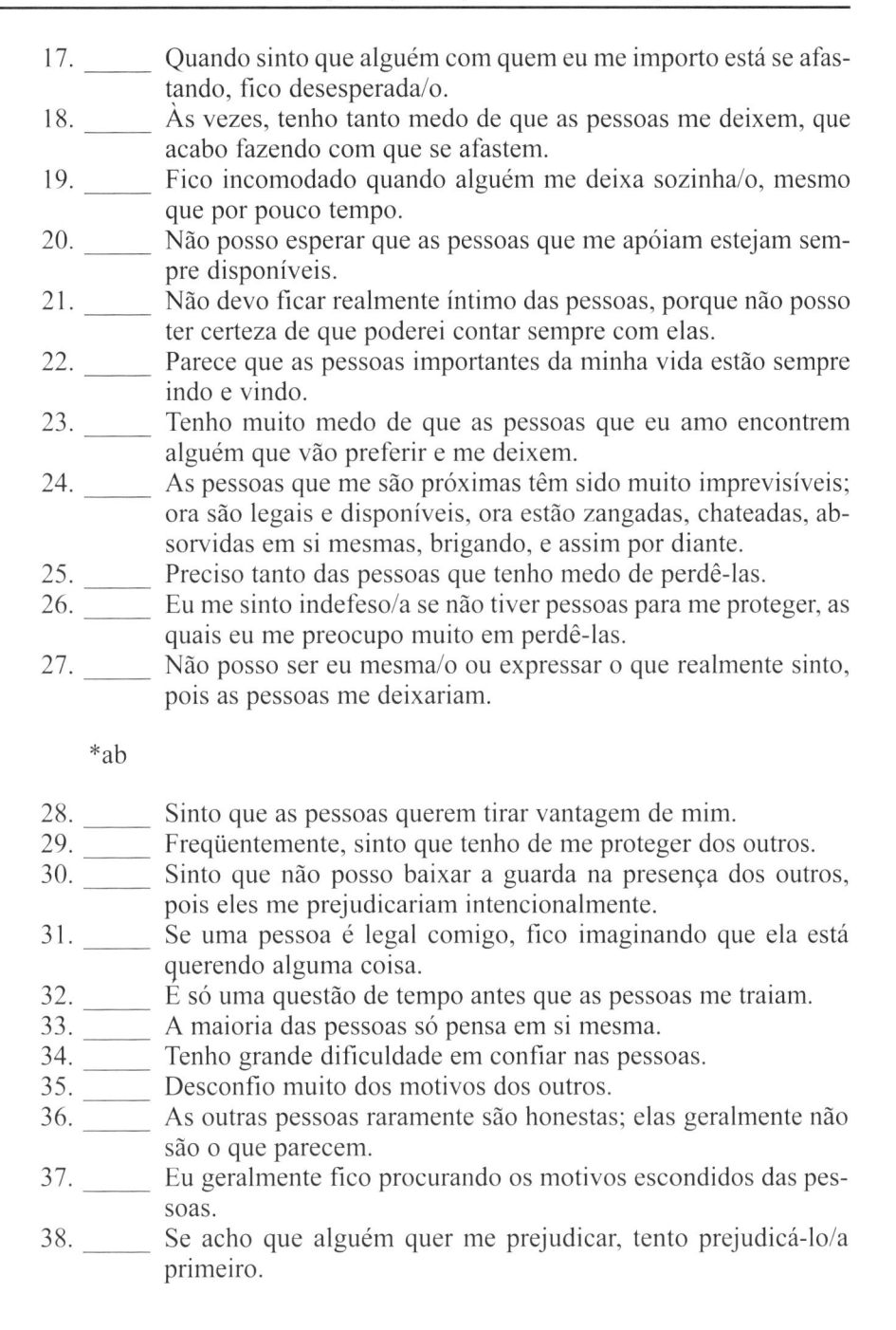

17. _____ Quando sinto que alguém com quem eu me importo está se afastando, fico desesperada/o.
18. _____ Às vezes, tenho tanto medo de que as pessoas me deixem, que acabo fazendo com que se afastem.
19. _____ Fico incomodado quando alguém me deixa sozinha/o, mesmo que por pouco tempo.
20. _____ Não posso esperar que as pessoas que me apóiam estejam sempre disponíveis.
21. _____ Não devo ficar realmente íntimo das pessoas, porque não posso ter certeza de que poderei contar sempre com elas.
22. _____ Parece que as pessoas importantes da minha vida estão sempre indo e vindo.
23. _____ Tenho muito medo de que as pessoas que eu amo encontrem alguém que vão preferir e me deixem.
24. _____ As pessoas que me são próximas têm sido muito imprevisíveis; ora são legais e disponíveis, ora estão zangadas, chateadas, absorvidas em si mesmas, brigando, e assim por diante.
25. _____ Preciso tanto das pessoas que tenho medo de perdê-las.
26. _____ Eu me sinto indefeso/a se não tiver pessoas para me proteger, as quais eu me preocupo muito em perdê-las.
27. _____ Não posso ser eu mesma/o ou expressar o que realmente sinto, pois as pessoas me deixariam.

*ab

28. _____ Sinto que as pessoas querem tirar vantagem de mim.
29. _____ Freqüentemente, sinto que tenho de me proteger dos outros.
30. _____ Sinto que não posso baixar a guarda na presença dos outros, pois eles me prejudicariam intencionalmente.
31. _____ Se uma pessoa é legal comigo, fico imaginando que ela está querendo alguma coisa.
32. _____ É só uma questão de tempo antes que as pessoas me traiam.
33. _____ A maioria das pessoas só pensa em si mesma.
34. _____ Tenho grande dificuldade em confiar nas pessoas.
35. _____ Desconfio muito dos motivos dos outros.
36. _____ As outras pessoas raramente são honestas; elas geralmente não são o que parecem.
37. _____ Eu geralmente fico procurando os motivos escondidos das pessoas.
38. _____ Se acho que alguém quer me prejudicar, tento prejudicá-lo/a primeiro.

39. _____ As pessoas têm de provar coisas para mim antes que eu confie nelas.
40. _____ Invento "testes" para as pessoas para ver se elas estão me dizendo a verdade e se estão bem-intencionadas.
41. _____ Acredito no ditado: "Quem não controla é controlado".
42. _____ Fico com raiva quando penso como fui maltratada/o pelas pessoas durante toda a minha vida.
43. _____ Por toda a minha vida, pessoas que me eram próximas tiraram vantagem de mim ou me usaram para seus propósitos.
44. _____ Fui abusada/o fisicamente, emocionalmente ou sexualmente por pessoas importantes na minha vida.

*da

45. _____ Eu não me encaixo.
46. _____ Sou fundamentalmente diferente das outras pessoas.
47. _____ Eu não pertenço a ninguém; sou um/a solitário/a.
48. _____ Sinto-me alienada/o das outras pessoas.
49. _____ Eu me sinto isolada/o e sozinha/o.
50. _____ Sempre me sinto excluída/o dos grupos.
51. _____ Ninguém me entende realmente.
52. _____ A minha família sempre foi diferente das famílias que nos cercavam.
53. _____ Às vezes, eu me sinto um/a alienígena.
54. _____ Se eu desaparecesse amanhã, ninguém perceberia.

*ia

55. _____ Nenhum/a homem/mulher que eu desejar vai me amar depois de saber dos meus defeitos.
56. _____ Ninguém que eu desejar vai querer ficar perto de mim depois que conhecer meu verdadeiro eu.
57. _____ Sou inerentemente defeituosa/o e cheia/o de falhas.
58. _____ Por mais que eu tente, sinto que não conseguirei que um/a homem/mulher significativo/a me respeite ou sinta que eu tenho valor.
59. _____ Não sou digna/o do amor, da atenção e do respeito dos outros.
60. _____ Sinto que não mereço ser amada/o.
61. _____ Sou inaceitável demais, de todas as maneiras possíveis, para me revelar aos outros.
62. _____ Se as pessoas descobrissem meus defeitos básicos, eu não conseguiria encará-las.
63. _____ Quando as pessoas gostam de mim, sinto que as estou enganando.
64. _____ Freqüentemente, sou atraída/o por pessoas que são muito críticas ou me rejeitam.

65. _____ Tenho segredos que não quero que as pessoas próximas a mim descubram.
66. _____ Foi por minha culpa que meus pais não conseguiram me amar o suficiente.
67. _____ Não deixo que as pessoas conheçam meu verdadeiro eu.
68. _____ Um dos meus maiores medos é que meus defeitos sejam expostos.
69. _____ Não posso compreender como ninguém conseguiu me amar.

*dv

70. _____ Não sou sexualmente atraente.
71. _____ Sou gorda/o demais.
72. _____ Sou feia/o.
73. _____ Sou incapaz de manter uma conversa decente.
74. _____ Sou chata/o e desinteressante em situações sociais.
75. _____ As pessoas que valorizo não iriam querer se associar a mim devido ao meu *status* social (por exemplo, renda, nível de instrução, profissão).
76. _____ Nunca sei o que dizer socialmente.
77. _____ As pessoas não querem me incluir em seus grupos.
78. _____ Fico muito inibida/o perto das outras pessoas.

*is

79. _____ Quase nada do que eu faço no trabalho (ou na escola) é tão bom quanto o que os outros fazem.
80. _____ Sou incompetente no que se refere a realizações.
81. _____ A maioria das pessoas é mais capaz do que eu no trabalho e em suas realizações.
82. _____ Eu sou um fracasso.
83. _____ Não tenho tanto talento quanto a maioria das pessoas tem em sua profissão.
84. _____ Não sou tão inteligente quanto a maioria das pessoas no que se refere a trabalho (ou estudo).
85. _____ Sinto-me humilhada/o por meus fracassos e inadequações na esfera do trabalho.
86. _____ Freqüentemente me sinto embaraçada/o perto das pessoas porque não estou à altura delas em termos de realizações.
87. _____ Muitas vezes comparo minhas realizações com as dos outros e acho que eles são muito mais bem-sucedidos.

*fr

88. _____ Não me sinto capaz de me arranjar sozinha/o no dia-a-dia.

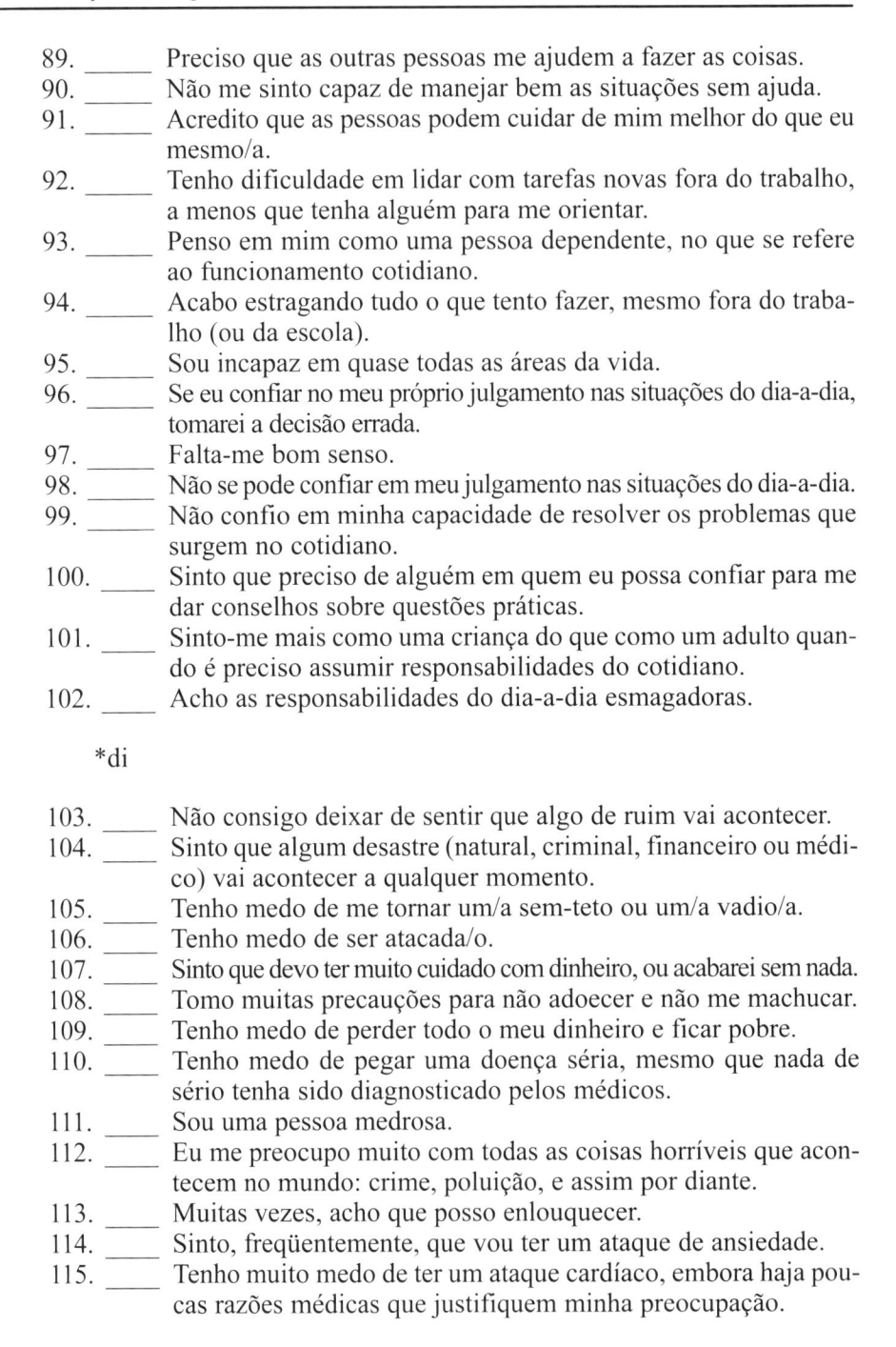

89. ____ Preciso que as outras pessoas me ajudem a fazer as coisas.
90. ____ Não me sinto capaz de manejar bem as situações sem ajuda.
91. ____ Acredito que as pessoas podem cuidar de mim melhor do que eu mesmo/a.
92. ____ Tenho dificuldade em lidar com tarefas novas fora do trabalho, a menos que tenha alguém para me orientar.
93. ____ Penso em mim como uma pessoa dependente, no que se refere ao funcionamento cotidiano.
94. ____ Acabo estragando tudo o que tento fazer, mesmo fora do trabalho (ou da escola).
95. ____ Sou incapaz em quase todas as áreas da vida.
96. ____ Se eu confiar no meu próprio julgamento nas situações do dia-a-dia, tomarei a decisão errada.
97. ____ Falta-me bom senso.
98. ____ Não se pode confiar em meu julgamento nas situações do dia-a-dia.
99. ____ Não confio em minha capacidade de resolver os problemas que surgem no cotidiano.
100. ____ Sinto que preciso de alguém em quem eu possa confiar para me dar conselhos sobre questões práticas.
101. ____ Sinto-me mais como uma criança do que como um adulto quando é preciso assumir responsabilidades do cotidiano.
102. ____ Acho as responsabilidades do dia-a-dia esmagadoras.

*di

103. ____ Não consigo deixar de sentir que algo de ruim vai acontecer.
104. ____ Sinto que algum desastre (natural, criminal, financeiro ou médico) vai acontecer a qualquer momento.
105. ____ Tenho medo de me tornar um/a sem-teto ou um/a vadio/a.
106. ____ Tenho medo de ser atacada/o.
107. ____ Sinto que devo ter muito cuidado com dinheiro, ou acabarei sem nada.
108. ____ Tomo muitas precauções para não adoecer e não me machucar.
109. ____ Tenho medo de perder todo o meu dinheiro e ficar pobre.
110. ____ Tenho medo de pegar uma doença séria, mesmo que nada de sério tenha sido diagnosticado pelos médicos.
111. ____ Sou uma pessoa medrosa.
112. ____ Eu me preocupo muito com todas as coisas horríveis que acontecem no mundo: crime, poluição, e assim por diante.
113. ____ Muitas vezes, acho que posso enlouquecer.
114. ____ Sinto, freqüentemente, que vou ter um ataque de ansiedade.
115. ____ Tenho muito medo de ter um ataque cardíaco, embora haja poucas razões médicas que justifiquem minha preocupação.

116. ____ Acho que o mundo é um lugar perigoso.

*vd

117. ____ Não consegui me separar de meu pai/minha mãe, ou de ambos, assim como outras pessoas da minha idade parecem conseguir.
118. ____ Meu pai/minha mãe, ou ambos, e eu tendemos a nos envolver excessivamente com a vida e com os problemas uns dos outros.
119. ____ É muito difícil para meu pai/minha mãe, ou ambos, e eu escondermos detalhes íntimos uns dos outros sem nos sentirmos traídos ou culpados.
120. ____ Meu pai/minha mãe, ou ambos, e eu temos que nos falar quase todos os dias, ou um de nós se sente culpado, magoado, desapontado ou sozinho.
121. ____ Muitas vezes, sinto que não tenho uma identidade separada da de meus pais ou parceiro/a.
122. ____ Muitas vezes me parece que meus pais estão vivendo por intermédio de mim – eu não tenho uma vida própria.
123. ____ É muito difícil para mim manter alguma distância das pessoas de quem sou íntimo/a; não é fácil para mim ter um senso separado de mim mesmo/a.
124. ____ Estou tão envolvida/o com meu/minha parceiro/a ou com meus pais que não sei realmente quem sou, ou o que quero.
125. ____ Tenho dificuldade em separar meu ponto de vista, ou opinião, do de meus pais ou parceiro/a.
126. ____ Sinto que não tenho nenhuma privacidade no que se refere aos meus pais ou parceiro/a.
127. ____ Sinto que meus pais estão, ou ficariam, muito magoados por eu morar sozinha/o, longe deles.

*em

128. ____ Deixo as pessoas fazerem o querem porque tenho medo das conseqüências.
129. ____ Acho que se eu fizer o que quero, só vou arranjar problemas.
130. ____ Sinto que não tenho escolha além de ceder ao desejo das pessoas, ou elas vão me rejeitar ou me retaliar de alguma maneira.
131. ____ Nos meus relacionamentos, deixo a outra pessoa ter o controle.
132. ____ Sempre deixei os outros escolherem por mim, de modo que não sei realmente o que quero.
133. ____ Sinto que as maiores decisões da minha vida não foram realmente minhas.

134. ____ Eu me preocupo muito em agradar aos outros para que eles não me rejeitem.
135. ____ Tenho grande dificuldade em exigir que meus direitos sejam respeitados e que meus sentimentos sejam levados em conta.
136. ____ Eu me vingo das pessoas de maneira sutil, em vez de demonstrar minha raiva.
137. ____ Vou muito além do que a maioria das pessoas para evitar confrontações.

*sb

138. ____ Coloco as necessidades dos outros antes das minhas, ou me sinto culpada/o.
139. ____ Sinto culpa quando desaponto as pessoas.
140. ____ Dou mais às pessoas do que recebo delas.
141. ____ Sou aquela/e que geralmente acaba cuidando das pessoas de quem sou próxima/o.
142. ____ Não há praticamente nada que eu não possa aceitar quando amo alguém.
143. ____ Sou uma boa pessoa, pois penso nos outros mais do que em mim mesma/o.
144. ____ No trabalho, normalmente sou aquela/e que se apresenta como voluntária/o para fazer tarefas extras, ou trabalhar mais tempo.
145. ____ Por mais ocupada/o que esteja, eu sempre arranjo tempo para os outros.
146. ____ Consigo me virar com muito pouco, porque as minhas necessidades são mínimas.
147. ____ Só me sinto feliz quando aqueles que me cercam estão felizes.
148. ____ Fico tão ocupada/o fazendo coisas para as pessoas de quem gosto que tenho muito pouco tempo para mim.
149. ____ Sempre fui aquela/e que escuta os problemas de todo o mundo.
150. ____ Fico mais à vontade dando um presente do que recebendo.
151. ____ As pessoas me vêem fazendo demais pelos outros e pouco por mim.
152. ____ Por mais que eu dê, nunca é suficiente.
153. ____ Se faço o que quero, me sinto muito mal.
154. ____ É muito difícil para mim pedir aos outros que atendam às minhas necessidades.

*as

155. ____ Tenho medo de perder o controle das minhas ações.
156. ____ Tenho medo de machucar muito as pessoas, física ou emocionalmente, caso perca o controle da minha raiva.

157. _____ Sinto que preciso controlar as minhas emoções e impulsos, ou algo de ruim pode acontecer.
158. _____ Dentro de mim há muita raiva e ressentimento que eu não expresso.
159. _____ Tenho muita vergonha de demonstrar sentimentos positivos em relação aos outros (por exemplo, afeição, sinais de cuidado).
160. _____ Acho embaraçoso expressar meus sentimentos para os outros.
161. _____ Tenho dificuldade em ser carinhosa/o e espontânea/o.
162. _____ Eu me controlo tanto que as pessoas acham que não sou emotiva/o.
163. _____ As pessoas me vêem como emocionalmente contida/o.

*ie

164. _____ Preciso ser a/o melhor em tudo o que faço; não consigo aceitar vir em segundo lugar.
165. _____ Tento manter quase tudo em perfeita ordem.
166. _____ Preciso causar a melhor impressão, praticamente, o tempo todo.
167. _____ Tento fazer o melhor; não consigo aceitar o "suficientemente bom".
168. _____ Tenho tantas coisas para fazer que quase não me sobra tempo para relaxar de verdade.
169. _____ Quase nada é bom o bastante; sempre posso fazer melhor.
170. _____ Preciso cumprir todas as minhas responsabilidades.
171. _____ Sinto que existe uma pressão constante sobre mim para conquistar e fazer coisas.
172. _____ Meus relacionamentos são prejudicados porque exijo demais de mim.
173. _____ Minha saúde sofre porque me pressiono demais para me sair bem.
174. _____ Muitas vezes eu sacrifico prazer e felicidade para estar à altura dos meus padrões.
175. _____ Se cometo um erro, mereço ser muito criticado.
176. _____ Não consigo me soltar ou me desculpar por meus erros com facilidade.
177. _____ Sou uma pessoa muito competitiva.
178. _____ Dou muito valor a dinheiro e *status*.
179. _____ Tenho que ser sempre o/a "Número 1" em termos de desempenho.

*pi

180. _____ Tenho muita dificuldade em aceitar um "não" como resposta quando quero alguma coisa de alguém.
181. _____ Geralmente me zango, ou me irrito, quando não consigo aquilo que quero.

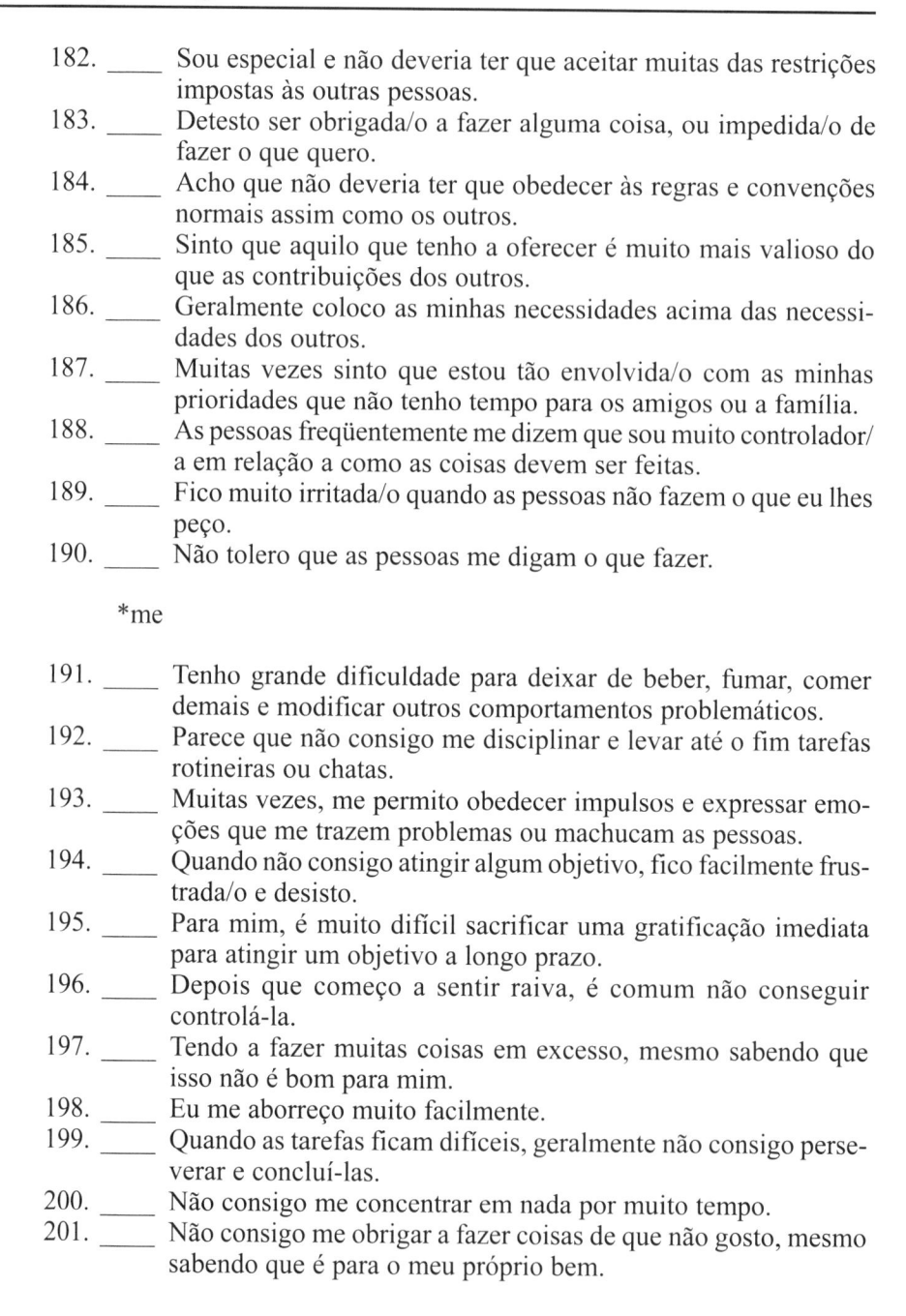

182. ____ Sou especial e não deveria ter que aceitar muitas das restrições impostas às outras pessoas.
183. ____ Detesto ser obrigada/o a fazer alguma coisa, ou impedida/o de fazer o que quero.
184. ____ Acho que não deveria ter que obedecer às regras e convenções normais assim como os outros.
185. ____ Sinto que aquilo que tenho a oferecer é muito mais valioso do que as contribuições dos outros.
186. ____ Geralmente coloco as minhas necessidades acima das necessidades dos outros.
187. ____ Muitas vezes sinto que estou tão envolvida/o com as minhas prioridades que não tenho tempo para os amigos ou a família.
188. ____ As pessoas freqüentemente me dizem que sou muito controlador/a em relação a como as coisas devem ser feitas.
189. ____ Fico muito irritada/o quando as pessoas não fazem o que eu lhes peço.
190. ____ Não tolero que as pessoas me digam o que fazer.

*me

191. ____ Tenho grande dificuldade para deixar de beber, fumar, comer demais e modificar outros comportamentos problemáticos.
192. ____ Parece que não consigo me disciplinar e levar até o fim tarefas rotineiras ou chatas.
193. ____ Muitas vezes, me permito obedecer impulsos e expressar emoções que me trazem problemas ou machucam as pessoas.
194. ____ Quando não consigo atingir algum objetivo, fico facilmente frustrada/o e desisto.
195. ____ Para mim, é muito difícil sacrificar uma gratificação imediata para atingir um objetivo a longo prazo.
196. ____ Depois que começo a sentir raiva, é comum não conseguir controlá-la.
197. ____ Tendo a fazer muitas coisas em excesso, mesmo sabendo que isso não é bom para mim.
198. ____ Eu me aborreço muito facilmente.
199. ____ Quando as tarefas ficam difíceis, geralmente não consigo perseverar e concluí-las.
200. ____ Não consigo me concentrar em nada por muito tempo.
201. ____ Não consigo me obrigar a fazer coisas de que não gosto, mesmo sabendo que é para o meu próprio bem.

202. ____ Perco a calma diante da ofensa mais insignificante.
203. ____ Raramente consigo cumprir minhas resoluções.
204. ____ Quase nunca deixo de mostrar às pessoas o que realmente sinto, seja qual for o custo disso.
205. ____ Freqüentemente faço, por impulso, coisas que mais tarde lamento.

*ai

Interpretando o Questionário de Esquemas de Young
(Forma Longa, Segunda Edição)*

Ainda não temos normas estatísticas para o *Questionário de Esquemas de Young*, embora essa pesquisa esteja em andamento. Enquanto isso, desenvolvemos alguns procedimentos informais para uso clínico.

Os itens do questionário estão agrupados segundo esquemas específicos. Esses agrupamentos de itens estão separados por um asterisco e um código de duas letras que é uma abreviação do esquema. Por exemplo, os itens 1-9 são seguidos pela abreviação "pe", indicando que esses itens específicos avaliam o esquema de Privação Emocional. As abreviações dos 16 esquemas são:

pe	–	Privação Emocional
ab	–	Abandono
da	–	Desconfiança/Abuso
ia	–	Isolamento Social/Alienação
dv	–	Defectividade/Vergonha
is	–	Indesejabilidade Social
fr	–	Fracasso
di	–	Dependência/Incompetência
vd	–	Vulnerabilidade a Danos e Doenças
em	–	Emaranhamento
sb	–	Subjugação
as	–	Auto-Sacrifício
ie	–	Inibição Emocional
pi	–	Padrões Inflexíveis
me	–	Merecimento
ai	–	Autocontrole/Autodisciplina Insuficientes

---

* Desde a publicação desse inventário, o número e os nomes de alguns esquemas mudaram. Eventualmente, uma nova versão do YSQ refletirá essas mudanças.

Apêndice B
Guia do Cliente para a Terapia Focada no Esquema*

Harry é um gerente de nível médio com 45 anos de idade. Ele está casado há 16 anos, mas seu casamento tem muitos problemas. Ele e a mulher freqüentemente se ressentem um com o outro, raramente se comunicam em um nível íntimo e têm poucos momentos de real prazer.

Outros aspectos da vida de Harry são igualmente insatisfatórios. Ele não gosta do seu trabalho, principalmente porque não se dá bem com os colegas. Com freqüência, sente-se intimidado pelo chefe e por outras pessoas no escritório. Ele tem alguns amigos fora do trabalho, mas nenhum que considere íntimo.

Durante o último ano, Harry foi ficando cada vez mais mal-humorado. Ele estava mais irritável, tinha dificuldade para dormir e começou a ter dificuldade para se concentrar no trabalho. À medida que sua depressão aumentava, passou a comer mais e aumentou 7 quilos. Quando percebeu que estava pensando em se matar, decidiu que era hora de buscar ajuda e consultou um psicólogo que trabalhava com terapia cognitiva.

Harry melhorou rapidamente com as técnicas de terapia cognitiva de curto prazo. Seu humor melhorou, seu apetite voltou ao normal e ele deixou de pensar em suicídio. Além disso, voltou a concentrar-se bem e estava muito menos irritável. Ele também começou a sentir-se com mais domínio de sua vida conforme aprendia, pela primeira vez, a controlar suas emoções.

---

* Desenvolvido por David C. Bricker, PhD, e Jeffrey E. Young, PhD. © 1999 do Cognitive Therapy Center of New York. É proibida a reprodução não-autorizada sem o consentimento escrito dos autores. Para mais informações escreva para o Cognitive Therapy Center of New York, 120 E. 56th Street, Suite 530, New York, NY 10022, ou telefone para (212) 588-1998.

No entanto, as técnicas de curto prazo não foram suficientes para algumas coisas. Seus relacionamentos com a esposa e com outras pessoas, embora não o deprimissem mais como antes, ainda não lhe traziam muito prazer. Ele ainda não conseguia pedir que suas necessidades fossem satisfeitas e tinha poucas experiências que considerava verdadeiramente prazerosas. O terapeuta então começou uma terapia focada no esquema para ajudar Harry a modificar seus padrões de vida tão antigos.

Este guia apresenta a abordagem *focada em esquemas*, uma elaboração da terapia cognitiva desenvolvida pelo Dr. Jeffrey Young, que pode ajudar as pessoas a mudarem padrões muito antigos, incluindo sua maneira de interagir com os outros. Este resumo da terapia focada em esquemas consiste em cinco partes:

1. Uma breve apresentação da terapia cognitiva de curto prazo.
2. Uma explicação do que é um esquema e exemplos de esquemas.
3. Uma explicação dos processos pelos quais os esquemas funcionam.
4. Vários exemplos de caso.
5. Uma breve descrição do processo terapêutico.

TERAPIA COGNITIVA DE CURTO PRAZO

A terapia cognitiva é um sistema de psicoterapia criado por Aaron Beck e seus colegas para ajudar as pessoas a superarem problemas emocionais. Esse sistema enfatiza a mudança na maneira de pensar das pessoas a fim de melhorar seu humor, assim como a depressão, a ansiedade e a raiva.

A perturbação emocional é influenciada pelas distorções cognitivas que as pessoas fazem ao lidar com suas experiências de vida. Tais distorções assumem a forma de interpretações e predições negativas de acontecimentos do cotidiano. Por exemplo, um aluno do sexo masculino preparando-se para um exame poderia acionar, em si mesmo, um estado de desânimo ao pensar: "Este material é impossível" (Interpretação Negativa) e "Eu nunca vou passar nesse exame" (Predição Negativa).

A terapia consiste em ajudar o paciente a reestruturar seu pensamento. Um passo importante, nesse processo, é examinar as evidências relativas aos pensamentos desadaptativos. No exemplo precedente, o terapeuta ajudaria o estudante a examinar suas experiências anteriores e determinar se o material realmente era impossível de aprender, e se ele podia saber com certeza que não passaria no exame. Com toda a probabilidade, o estudante decidiria que esses dois pensamentos careciam de validade. Eles seriam substituídos por pensamentos alternativos mais exatos. Por exemplo, o aluno poderia ser estimulado a pensar "Este material é difícil, mas não impossível. Eu já aprendi materiais difíceis antes" e "Eu nunca fracassei em exames antes, desde que me preparasse o suficiente". Tais pensamentos, provavelmente, levariam-no a sentir-se melhor, e a lidar melhor com a situação.

A terapia cognitiva de curto prazo, muitas vezes, é suficiente para ajudar as pessoas a superarem problemas emocionais, especialmente depressão e ansiedade. Pesquisas recentes demonstraram isso. Entretanto, às vezes, essa abordagem não é suficiente. Alguns clientes não obtêm, com a terapia cognitiva de curto prazo, todos os benefícios desejados. Isso nos levou a desenvolver a *terapia focada em esquemas*.

ESQUEMAS – O QUE SÃO

Um esquema é um padrão extremamente estável e duradouro que se desenvolve durante a infância e é aperfeiçoado durante toda a vida do indivíduo. Nós vemos o mundo por meio dos nossos esquemas.

Os esquemas são crenças e sentimentos importantes sobre si mesmo e o ambiente que o indivíduo aceita sem questionar. Eles são autoperpetuadores e muito resistentes à mudança. Por exemplo, as crianças que desenvolvem um esquema de que são incompetentes raramente questionam esta crença, mesmo quando adultos. O esquema não desaparece sem terapia. Um sucesso esmagador na vida da pessoa não é suficiente para mudar o esquema. O esquema luta pela própria sobrevivência e, em geral, tem sucesso.

Mesmo que os esquemas persistam depois de formarem-se, nem sempre temos consciência deles, pois eles operam de modo sutil, fora da nossa consciência. Entretanto, quando um esquema irrompe, ou é desencadeado por acontecimentos, nossos pensamentos e sentimentos são dominados por ele. É nesses momentos que as pessoas tendem a experienciar emoções negativas extremas e a ter pensamentos disfuncionais.

Em nosso trabalho com muitos pacientes, descobrimos 18 esquemas específicos. A maioria dos nossos pacientes tem, no mínimo, dois ou três desses esquemas, e com freqüência mais. Uma breve descrição de alguns esquemas é apresentada a seguir.

Privação Emocional

Este esquema refere-se à crença de que as necessidades emocionais primárias nunca serão atendidas pelos outros. Essas necessidades incluem carinho, empatia, afeição, proteção, orientação e interesse por parte dos outros. É comum os pais privarem a criança emocionalmente.

Abandono/Instabilidade

Este esquema refere-se à expectativa de que logo serão perdidas as pessoas com as quais se cria vínculo emocional. A pessoa acredita que, de uma maneira ou outra, os relacionamentos íntimos terminarão iminentemente. Na infância, esses pacientes podem ter vivenciado o divórcio ou a morte dos pais. Esse esquema também pode surgir quando os pais foram inconsistentes no atendimento das necessidades da criança; por exemplo, pode ter havido muitas ocasiões em que a criança foi deixada sozinha ou desatendida por períodos prolongados.

Desconfiança/Abuso

Este esquema refere-se à expectativa de que os outros, de alguma maneira, tirarão vantagem da pessoa, intencionalmente. As pessoas com esse esquema acreditam que os outros vão magoá-las, enganá-las ou desprezá-las. Elas com freqüência pensam em termos de atacar primeiro ou se vingar depois. Na infância, esses pacientes muitas vezes foram abusados ou tratados injustamente por pais, irmãos ou amigos.

Isolamento Social/Alienação

Este esquema refere-se à crença de estar isolado do mundo, de ser diferente das outras pessoas e/ou de não fazer parte de nenhuma comunidade. Essa crença normalmente é causada por experiências iniciais em que a criança vê que ela e sua família são diferentes das outras pessoas.

Defectividade/Vergonha

Este esquema refere-se à crença de que a pessoa é *internamente* defeituosa e que, se os outros se aproximarem, perceberão isso e se afastarão do relacionamento. Esse sentimento de ser defeituoso e inadequado, muitas vezes, leva a um forte sentimento de vergonha. Os pais geralmente criticavam muito os filhos e faziam com que eles sentissem que não eram dignos de serem amados.

Fracasso

Este esquema refere-se à crença de que a pessoa é incapaz de ter um desempenho tão bom quanto o dos outros na profissão, na escola ou nos esportes. Esses pacientes podem sentir-se burros, ineptos, sem talento ou ignorantes. A pessoa com esse esquema muitas vezes nem tenta fazer as coisas, porque acredita que vai fracassar. Esse esquema pode-se desenvolver quando a criança é desprezada e tratada como se fosse um fracasso na escola ou em outras esferas de realização. Os pais normalmente não proporcionavam suficiente apoio, disciplina e encorajamento para que a criança persistisse e tivesse sucesso em suas realizações acadêmicas ou esportivas.

Dependência/Incompetência

Este esquema refere-se à crença de que a pessoa não é capaz de assumir, de forma competente e independente, as responsabilidades do cotidiano. A pessoa com esse esquema depende excessivamente dos outros para tomar decisões e iniciar novas tarefas. Os pais, em geral, não estimularam a criança a agir de forma independente e a ter confiança em sua capacidade de tomar conta de si mesma.

Vulnerabilidade a Danos e Doenças

Este esquema refere-se à crença de que a pessoa está sempre prestes a viver uma grande catástrofe (financeira, natural, médica, criminal, etc.) e pode levar a precauções excessivas para se proteger. Normalmente, um ou ambos os pais eram muito medrosos e passaram a idéia de que o mundo é um lugar perigoso.

Subjugação

Este esquema refere-se à crença de que é preciso submeter-se ao controle dos outros a fim de evitar conseqüências negativas. A pessoa muitas vezes teme que, a menos que se submeta, os outros fiquem zangados ou a rejeitem. Os pacientes que se subjugam ignoram seus próprios desejos e sentimentos. Na infância, geralmente, um dos pais (ou ambos) era muito controlador.

Auto-Sacrifício

Este esquema refere-se ao sacrifício excessivo das próprias necessidades a fim de ajudar os outros. Quando a pessoa presta atenção às próprias necessidades, geralmente sente-se culpada. Para evitar essa culpa, ela põe as necessidades dos outros acima das suas. Muitos pacientes que se auto-sacrificam obtêm um sentimento de auto-estima aumentada ou um senso de significado por ajudar os outros. Na infância, a pessoa pode ter sido obrigada a assumir excessivamente a responsabilidade pelo bem-estar de um ou de ambos os pais.

Inibição Emocional

Este esquema refere-se à crença de que é preciso inibir emoções e impulsos, especialmente a *raiva*, porque uma expressão de sentimentos prejudicaria os outros, ou levaria à perda de auto-estima, ao embaraço, à retaliação ou ao abandono. Estes pacientes podem não ter espontaneidade ou parecer contidos. Esse esquema é freqüentemente provocado por pais que desencorajavam a expressão dos sentimentos.

Padrões Inflexíveis/Crítica Exagerada

Este esquema refere-se a duas crenças relacionadas. Os pacientes acreditam que nada do que fazem é suficientemente bom, que eles sempre devem se esforçar mais, e/ou enfatizam excessivamente valores como *status*, riqueza e poder, à custa de outros valores como interação social, saúde ou felicidade. Normalmente, os pais nunca estavam satisfeitos e davam aos filhos um amor que estava condicionado a realizações notáveis.

Merecimento/Grandiosidade

Este esquema refere-se à crença de que a pessoa deveria poder fazer, dizer ou ter tudo o que quisesse, independentemente de isso magoar os outros ou lhes parecer razoável. Ela não está interessada nas necessidades dos outros, nem está consciente do custo a longo prazo de afastá-los. Os pais que são excessivamente indulgentes com os filhos e não estabelecem limites sobre o que é socialmente apropriado podem favorecer o desenvolvimento desse esquema. Alternativamente, algumas crianças desenvolvem esse esquema para compensar sentimentos de privação emocional, defectividade ou indesejabilidade social.

Autocontrole/Autodisciplina Insuficientes

Este esquema se refere à incapacidade de tolerar qualquer frustração na busca de objetivos, assim como à incapacidade de conter a expressão de impulsos ou sentimentos. Quando a falta de autocontrole é extrema, comportamentos criminosos ou aditivos regem a vida. Os pais que não modelaram autocontrole ou não disciplinaram os filhos adequadamente podem predispô-los a ter esse esquema quando adultos.

COMO OS ESQUEMAS FUNCIONAM

Para compreender como os esquemas funcionam, temos de definir três processos de esquema. Esses processos são a *manutenção do esquema*, a *evitação do esquema* e a *compensação do esquema*. É por meio desses três processos que os esquemas exercem sua influência sobre o nosso comportamento e funcionam para garantir sua sobrevivência.

Manutenção do Esquema

A manutenção do esquema refere-se aos processos rotineiros pelos quais os esquemas funcionam e se perpetuam. Isso se dá pelas distorções cognitivas e pelos padrões de comportamento autoderrotistas.

Anteriormente, mencionamos que as distorções cognitivas são uma parte central da terapia cognitiva. Essas distorções consistem em interpretações e predições negativas dos acontecimentos da vida. Muitas distorções cognitivas são parte do processo de manutenção do esquema. O esquema vai destacar ou exagerar as informações que o confirmam e vai minimizar ou negar as informações que o contradizem.

A manutenção do esquema funciona comportamentalmente, assim como cognitivamente. O esquema vai gerar comportamentos que tendem a mantê-lo intacto. Um jovem com um esquema de **Defectividade/Vergonha**, por exemplo, teria pensamentos e comportamentos em concordância com o esquema. Em uma festa, ele pensaria "Ninguém aqui gosta de mim" e "Se as pessoas que estão aqui me conhecessem realmente, elas me rejeitariam". Em termos comportamentais, ele ficaria mais retraído e menos sociável.

Evitação do Esquema

A evitação do esquema refere-se às maneiras pelas quais as pessoas evitam ativar os esquemas. Conforme já mencionamos, quando os esquemas irrompem, as pessoas normalmente experienciam emoções negativas extremas. Elas desenvolvem maneiras de evitar que os esquemas sejam acionados, a fim de não sentir essa dor. Há três tipos de evitação de esquema: *cognitivo, emocional* e *comportamental*.

A evitação *cognitiva* refere-se ao esforço que a pessoa faz para não pensar sobre acontecimentos perturbadores. Tais esforços podem ser tanto voluntários quanto automáticos. As pessoas podem intencionalmente decidir não focalizar um aspecto de sua personalidade ou um acontecimento que elas acham perturbador. Também existem processos inconscientes que ajudam as pessoas a excluir informações demasiado perturbadoras. As pessoas tendem a esquecer acontecimentos particularmente dolorosos. Por exemplo, as crianças que foram sexualmente abusadas muitas vezes não têm nenhuma lembrança da experiência traumática.

A evitação *emocional* ou afetiva refere-se às tentativas automáticas ou voluntárias de bloquear emoções dolorosas. Quando as pessoas têm experiências emocionais dolorosas, elas, muitas vezes, amortecem seus sentimentos para minimizar a dor. Por exemplo, um homem poderia falar sobre como sua esposa tem agido de forma abusiva em relação a ele e dizer que não sente nenhuma raiva dela, só uma leve chateação. Algumas pessoas bebem ou abusam de outras drogas para amortecer sentimentos gerados por esquemas.

O terceiro tipo de evitação é a evitação *comportamental*. As pessoas freqüentemente agem de maneira a evitar situações que desencadeiam esquemas para evitar a dor psicológica. Uma mulher com um esquema de **Fracasso**, por exemplo, poderia recusar um emprego novo e difícil, que seria muito bom para ela. Ao evitar a situação desafiadora, ela evita o sofrimento, tal como uma ansiedade excessiva, que poderia ser gerada pelo esquema.

Compensação do Esquema

O terceiro processo é a compensação do esquema. Para evitar que o esquema seja acionado, a pessoa se comporta da maneira que parece ser o oposto do que o esquema sugere. As pessoas com um esquema de **Dependência/Incompetência** podem estruturar aspectos de sua vida de modo a não depender de ninguém, mesmo quando seria melhor uma abordagem mais equilibrada. Por exemplo, um jovem pode recusar-se a sair com mulheres porque tem medo de se tornar dependente e se apresentará como alguém que não precisa das outras pessoas. Ele vai ao outro extremo para evitar sentir-se dependente.

EXEMPLOS DE CASO

Nesta seção, apresentaremos seis exemplos de caso. Em todos eles, demonstraremos os processos de esquemas. Ao ler esta seção, você entenderá melhor como esses processos operam nas situações de vida real.

Abby é uma mulher jovem cujo principal esquema é o de *Subjugação*. Ela tende a ver as pessoas como se fossem muito controladoras, mesmo quando elas estão sendo adequadamente assertivas. Ela tem pensamentos como "Eu não devo manter uma posição firme, ou as pessoas não gostarão de mim" e então acaba cedendo à vontade dos outros (*Manutenção do Esquema*). Outras vezes, ela decide que ninguém vai levar vantagem em relação a ela e se torna muito controladora (*Compensação do Esquema*). Às vezes, quando as pessoas lhe fazem exigências pouco razoáveis, ela minimiza a importância de seus próprios sentimentos e tem pensamentos como "Não é tão importante assim para mim o que vai acontecer". Outras vezes, ela evita as pessoas com as quais tem dificuldade em defender sua posição (*Evitação do Esquema*).

O principal esquema de Stewart é o de *Fracasso*. Sempre que ele se defronta com um possível desafio, tende a pensar que não é capaz. Muitas vezes, ele tenta enfrentar o desafio sem grande empenho, garantindo que vai fracassar e reforçando a crença de não ser capaz (*Manutenção do Esquema*). Às vezes, faz grandes esforços para se apresentar a uma luz irrealisticamente positiva, gastando dinheiro demais em roupas e automóveis (*Compensação do Esquema*). Stewart freqüentemente evita desencadear seu esquema ficando longe de desafios e convencendo-se de que aquele desafio não valia a pena (*Evitação do Esquema*).

O esquema nuclear de Rebecca é *Defectividade/Vergonha*. Ela acredita que há algo de errado com ela, e que se alguém se aproximar realmente, vai rejeitá-la. Ela escolhe parceiros que são extremamente críticos e confirmam sua idéia de que ela é defectiva (*Manutenção do Esquema*). Às vezes, ela tem reações excessivamente defensivas e contra-ataca quando confrontada com a mais branda das críticas (*Compensação do Esquema*). Ela sempre arranja uma maneira que faz com que nenhum de seus parceiros se aproximem muito, para que eles não percebam sua defectividade e a rejeitem (*Evitação do Esquema*).

Michael é um homem de meia-idade cujo principal esquema é *Dependência/Incompetência*. Ele se acha incapaz de fazer sozinho as tarefas do cotidiano e busca a ajuda dos outros. Sempre que pode, escolhe trabalhar com pessoas que o ajudam demais. Isso o impede de desenvolver as habilidades necessárias para que trabalhe sozinho e confirma sua visão de si mesmo como alguém que precisa da ajuda dos outros (*Manutenção do Esquema*). Às vezes, quando é oportuno aceitar os conselhos das pessoas, ele os ignora (*Compensação do Esquema*). Ele reduz sua ansiedade adiando as coisas o máximo possível (*Evitação do Esquema*).

O esquema nuclear de Ann é *Isolamento Social/Alienação*. Ela se vê como diferente das outras pessoas, como um "peixe fora d'água". Quando faz alguma coisa participando de um grupo, não se envolve de verdade (*Manutenção do Esquema*). Há momentos em que Ann fica muito hostil em relação aos membros do grupo e pode ser muito crítica em relação ao grupo como um todo (*Compensação do Esquema*), em outros, ela decide evitar inteiramente atividades em grupo (*Evitação do Esquema*).

O esquema central de Sam é o de *Privação Emocional*. Ele escolhe parceiras que não são muito capazes de dar afeto e então se comporta de uma maneira que fica ainda mais difícil para elas serem generosas com ele (Manutenção do Esquema). Às vezes, ele age de uma forma muito exigente, beligerante, provocando brigas com a parceira (*Compensação do Esquema*). Sam evita uma aproximação maior das mulheres e nega ter qualquer problema nessa área (*Evitação do Esquema*).

PROCESSO TERAPÊUTICO – MUDANDO ESQUEMAS

Na terapia focada em esquemas, o objetivo do tratamento é enfraquecer o máximo possível os esquemas iniciais desadaptativos e reforçar o lado sadio da pessoa. O terapeuta e a parte sadia do paciente formam uma aliança contra os esquemas.

O primeiro passo na terapia é fazer uma cuidadosa avaliação do paciente. A razão principal dessa avaliação é identificar os esquemas mais importantes na configuração psicológica da pessoa. Há várias etapas nesse processo: primeiro, o terapeuta, geralmente, quer saber sobre os acontecimentos ou as circunstâncias recentes da vida do paciente que o levaram a buscar ajuda. A seguir, ele discute a história de vida do paciente e procura padrões que possam estar relacionados a esquemas.

Há vários outros passos que o terapeuta pode dar para avaliar os esquemas. Ele pode pedir ao paciente para preencher o "Questionário de Esquemas de Young", que lista muitos dos pensamentos relacionados aos diferentes esquemas. Os itens desse questionário são avaliados de acordo com sua relevância para a vida da pessoa.

Também há várias técnicas de imagens que o terapeuta pode usar para avaliar os esquemas. Uma técnica específica envolve pedir ao paciente para fechar os olhos e criar uma imagem de si mesmo com sua família. A imagem que aparece pode levar aos esquemas centrais.

Jonathan é um executivo de 28 anos cujo esquema nuclear é o de **Desconfiança/Abuso**. Ele procurou a terapia porque estava tendo acessos de intensa ansiedade no trabalho, durante os quais se sentia terrivelmente desconfiado e ressentido em relação aos colegas. Quando solicitado a criar uma imagem de si mesmo com sua família, ele imaginou duas cenas. Na primeira, Jonathan se via sendo aterrorizado pelo irmão mais velho. Na segunda imagem, ele via o pai alcoolista voltando para casa e batendo na mãe, enquanto ele se encolhia, assustado.

Há muitas técnicas que o terapeuta pode usar para ajudar os clientes a enfraquecerem seus esquemas. Essas técnicas se dividem em quatro categorias: *emotivas, interpessoais, cognitivas* e *comportamentais*. A seguir, discutiremos todas elas e apresentaremos alguns exemplos.

Técnicas Emotivas

As técnicas emotivas encorajam o paciente a experienciar e expressar os aspectos emocionais de seu problema. Uma maneira de fazer isso é pedir ao paciente que feche os olhos e imagine que está conversando com a pessoa a quem a emoção é dirigida. Ele, então, é estimulado a expressar as emoções, da forma mais completa possível, no diálogo imaginário. Uma mulher cujo esquema nuclear era o de **Privação Emocional** teve várias sessões em que pôde expressar a raiva em relação aos pais por não estarem suficientemente disponíveis para ela em termos emocionais. Cada vez que expressava esses sentimentos, ela conseguia distanciar-se um pouco mais do esquema. Ela foi capaz de perceber que os pais tinham problemas que os impediram de dar a ela o carinho adequado e que ela não estava destinada a ser sempre privada.

Há muitas variações da técnica precedente. O paciente pode assumir o papel da outra pessoa, nesses diálogos, e expressar o que ele imagina serem seus sentimentos, ou pode escrever uma carta à outra pessoa, sem nenhuma intenção de enviá-la, e nela expressar seus sentimentos sem inibição.

Técnicas Interpessoais

As técnicas interpessoais lançam luz sobre as interações do cliente com as outras pessoas, de modo que o papel dos esquemas pode ser exposto. Uma maneira é focar o relacionamento com o terapeuta. Freqüentemente, os pacientes com o esquema de **Subjugação** aceitam tudo o que o terapeuta quer, mesmo quando não consideram relevante a tarefa ou atividade proposta, ficando ressentidos com ele e expressando isso indiretamente. Esse padrão de obediência e expressão indireta do ressentimento pode, então, ser explorado em benefício do paciente. Isso pode levar a uma útil exploração de outras situações em que o cliente se submete às pessoas e depois fica ressentido, e de como ele pode lidar melhor com essas situações.

Outro tipo de técnica interpessoal envolve incluir o cônjuge na terapia. Um homem com um esquema de **Auto-Sacrifício** pode escolher uma mulher que costuma ignorar seus desejos. O terapeuta pode envolver a mulher no tratamento para ajudar os dois a examinarem os padrões de seu relacionamento e a mudar a maneira de o casal interagir.

Técnicas Cognitivas

As técnicas cognitivas são aquelas em que contestamos as distorções cognitivas trazidas pelo esquema. Como na terapia cognitiva de curto prazo, identificamos os pensamentos disfuncionais e examinamos as evidências contra e a favor. Então, os substituímos por novos pensamentos e crenças. Essas técnicas ajudam o paciente a ver maneiras alternativas de perceber as situações.

O primeiro passo para lidarmos cognitivamente com os esquemas é examinar as evidências contra e a favor do esquema específico que estamos considerando. Isso envolve examinar a vida e as experiências do paciente e considerar todas as evidências que parecem confirmar ou refutar o esquema. As evidências são então examinadas criticamente para vermos se, de fato, elas confirmam o esquema. Normalmente, as evidências produzidas revelar-se-ão erradas e não confirmarão o esquema.

Por exemplo, vamos considerar um homem jovem com um esquema de **Privação Emocional**. Quando indagado sobre as evidências de que suas necessidades emocionais nunca serão atendidas, ele traz exemplos em que antigas namoradas não atenderam às suas necessidades. Entretanto, quando se examinam cuidadosamente esses antigos relacionamentos, ele descobre que, como parte do processo de manutenção do esquema, ele escolhe mulheres que não são capazes de dar afeto.

Esse entendimento lhe transmite um senso de otimismo: se ele começar a selecionar suas parceiras de forma diferente, suas necessidades provavelmente poderão ser satisfeitas.

Outra técnica cognitiva é um diálogo estruturado entre o paciente e o terapeuta. Primeiro, o paciente fica do lado do esquema e o terapeuta apresenta uma visão mais construtiva, depois eles trocam de lado e o paciente tem a chance de verbalizar o ponto de vista alternativo.

Após manterem vários desses diálogos, eles escrevem juntos um cartão para o paciente, contendo uma afirmação concisa sobre as evidências que contrariam o esquema.

Um cartão típico para um paciente com um esquema de **Defectividade/Vergonha** é:

> Eu sei que sinto que há algo de errado comigo, mas meu lado sadio sabe que eu sou uma pessoa legal. Existem várias pessoas que me conhecem bem e que ficaram comigo por muito tempo. Sei que poderia fazer amizade com muitas pessoas que acho interessantes.

O paciente é instruído a manter o cartão sempre à disposição e a lê-lo sempre que aquele problema começar a ocorrer. Por meio da prática persistente dessa e de outras técnicas cognitivas, a crença do paciente no esquema vai gradualmente enfraquecendo.

Técnicas Comportamentais

As técnicas comportamentais são aquelas em que o terapeuta ajuda o paciente a mudar antigos padrões comportamentais, diminuindo os comportamentos de manutenção do esquema e reforçando respostas sadias de manejo.

Uma estratégia comportamental é ajudar os pacientes a escolherem parceiros apropriados para eles e capazes de se envolver em relacionamentos sadios. Os pacientes com o esquema de **Privação Emocional** tendem a escolher parceiros pouco generosos em termos emocionais. O terapeuta pode ajudar esses pacientes no processo de avaliação e seleção de novos parceiros.

Outra técnica comportamental consiste em ensinar ao paciente melhores habilidades de comunicação. Uma mulher com um esquema de **Subjugação**, por exemplo, acredita que merece um aumento, no entanto não sabe como pedi-lo. A dramatização é uma técnica que pode ensiná-la a falar com seu supervisor no trabalho. Primeiro, o terapeuta assume o papel do paciente, e este assume o papel do supervisor. Isso permite que o terapeuta demonstre como fazer o pedido adequadamente. Depois, o paciente tem a oportunidade de praticar os novos comportamentos e obter *feedback* do terapeuta antes de mudar seu comportamento nas situações de vida real.

A terapia focada em esquemas pode ajudar a pessoa a compreender e mudar padrões de vida muito antigos. A terapia consiste em identificar Esquemas Iniciais Desadaptativos e confrontá-los e contestá-los sistematicamente.

Referências Bibliográficas

American Psychiatric Association. (1994). *Diagnostic and Statistical Manual of Mental Disorders* (4. ed.). Washington, DC; Author.
Beck, A. T. (1967). *Depression: Causes and Treatment.* Philadelphia: University of Pennsylvania Press.
Beck, A. T., Rush, A. J., Shaw, B. F., & Emery, G. (1979). *Cognitive Therapy of Depression.* New York: Guilford.
Beck, A. T., & Steer, R. A. (1987). *Revised Beck Depression Inventory.* San Antonio, TX: Psychological Corporation.
Bowlby, J. (1973). *Separation: Anxiety and Anger* (Vol. II of Attachment and Loss). New York: Basic Books.
Corr, E. (Director). (1986). *Desert Bloom* [Filme]. (Disponível pela Columbia/Tristar Studios, 10202 W. Washington Boulevard, Culver City, CA 90232-3195. Website: www.cthv.com.)
Guidano, V. F., & Liotti, G. (1983). *Cognitive Processes and Emotional Disorders.* New York: Guilford.
Kaplan, H. I., & Sadock, B. J. (1985). *Comprehensive Textbook of Psychiatry* (4. ed.). Baltimore: Williams & Wilkins.
Lazarus, A., & Lazarus, C. (1991). *Multimodal Life History Inventory* (2. ed.). Champaign, IL: Research Press.
Miller, A. (1981). *The Drama of the Gifted Child.* New York: Basic Books. (Originalmente publicado como *Prisoners of Childhood*)
Millon, T. (1981). *Disorders of Personality.* New York: Wiley.
Segal, Z. (1988). Appraisal of the self-schema: Construct in cognitive models of depression. *Psychological Bulletin*, 103, 147-162.
Young, J. E. (1992). *Schema Conceptualization Form.* (Disponível no Cognitive Therapy Center of New York, 120 East 56th Street, Suite 530, New York, NY 10022.)
Young, J. E. (1993). *Schema Diary.* (Disponível no Cognitive Therapy Center of New York, 120 East 56th Street, Suite 530, New York, NY 10022.)

Young, J. E. (1994). *Young Parenting Inventory*. (Disponível no Cognitive Therapy Center of New York, 120 East 56th Street, Suite 530, New York, NY 10022.)
Young, J. E. (1995). *Young Compensation Inventory*. (Disponível no Cognitive Therapy Center of New York, 120 East 56th Street, Suite 530, New York, NY 10022.)
Young, J. E., & Klosko, J. (1994). *Reinventing Your Life*. New York: Plume.
Young, J. E., & Rygh, J. (1994). *Young-Rygh Avoidance Inventory*. (Disponível no Cognitive Therapy Center of New York, 120 East 56th Street, Suite 530, New York, NY 10022.)
Young, J. E., Wattenmaker, D., & Wattenmaker, R. (1995). *Schema Flashcards*. (Disponível no Cognitive Therapy Center of New York, 120 East 56th Street, Suite 530, New York, NY 10022.)

REFERÊNCIAS COMPLEMENTARES

Bricker, D. C., Young, J. E., & Flanagan, C. M. (1993). Schema-focused cognitive therapy: A comprehensive framework for characterological problems. In K. T. Kuehlwein & H. Rosen (Eds.), *Cognitive Therapies in Action* (p. 88-125). San Francisco: Jossey-Bass.
McGinn, L. K., & Young, J. E. (1996). Schema-focused therapy. In P. M. Salkovskis (Ed.), *Frontiers of Cognitive Therapy* (pp. 182-207). New York: Guilford.
McGinn, L. K., Young, J. E., & Sanderson, W. C. (1995). When and how to do longer-term therapies without feeling guilty. *Cognitive and Behavioral Practice, 2*(1), 187-212.
Schmidt, N. B., Joiner, T. E., Young, J. E., & Telch, M. J. (1995). The Schema Questionnaire: investigation of psychometric properties and the hierarchical structure of a measure of maladaptive schemas. *Cognitive Therapy and Research, 19*(3), 295-321.
Stein, D. J., & Young, J. E. (1993). *Cognitive Science and Clinical Disorders*. San Diego: Academic Press.
Young, J. F:. (Speaker). (1998). *Challenging Cases: Innovations in Brief Cognitive-Behavioral Therapy* (Audiotape set from New England Educational Institute, Cape Cod Summer Symposia). Yarmouth, MA: Coastal Audio/Visuals. (Para pedidos, ligue 508394-3617.)
Young, J. E., Beck, A. T., & Weinberger, A. (1993). Depression. In D. H. Barlow (Ed.), *Clinical Handbook of Psychological Disorders* (2. ed., p. 240-277). New York: Guilford.
Young, J. E., & First, M. (1996). *Schema Mode Listing*. (Disponível no Cognitive Therapy Center of New York, 120 East 56th Street, Suite 530, New York, NY 10022.)
Young, J. E., & Flanagan, C. (1998). Schema-focused therapy for narcissistic patients. In E. Ronningstam (Ed.), *Disorders of Narcissistic: Diagnostic, Clinical, and Empirical Implications* (pp.239-268). Washington, DC: American Psychiatric Press.
Young, J. E., & Gluhoski, V. L. (1996). Schema-focused diagnosis for personality disorders. In F. W. Kaslow (Ed.), *Handbook of Relational Diagnosis and Dysfunctional Family Patterns* (p. 300-321). New York: Wiley.
Young, J. E., & Gluhoski, V. L. (1997). A schema-focused perspective on satisfaction in close relationships. In R. J. Sternberg & M. Hojjat (Eds.), *Satisfaction in Close Relationships* (p. 356-381). New York: Guilford.